대단한 사람들의

소

소

한

인생상담

대단한
사람들의

소

소

한

인생상담

이
정
지
음

북카라반
CARAVAN

머리말

다정하고 사랑스러웠던 딸이 수녀원에서 서른세 살 나이에 숨을 거두었습니다. 벌써 20대에 치아를 거의 다 잃어 쇠약해진 딸은 이질과 제대로 싸워보지도 못하고 떠났습니다. 아빠의 마음이 어땠을까요? 비참했을 겁니다. 자신만 살아남아 숨을 쉬고 음식을 먹고 햇빛을 받는 게 싫었을 테죠. 또 죄책감도 느꼈겠죠. 딸을 수녀원으로 보낸 것은 바로 자신이니까요. 그 아빠가 갈릴레오 갈릴레이입니다.

인도의 한 아이는 학교가 끝나면 앞만 보면서 집으로 달려갔습니다. 혹시 친구들이 말을 걸거나 못살게 굴까봐 두려웠다고 합니다. 아이는 매일 몸이 뻣뻣하게 굳을 정도로 긴장하며 살았을 겁니다. 그 아이는 수줍고 겁 많은 성격 때문에 고민이 이만저만이 아니었고, 커서도 사람 앞에 서면 어지러웠어요. 하지만 인생은 예상치 못한 곳으로 그 내성적인 아이를 데려갑니다. 수억 명을 이끌고 감동시키는 지도자가 된 마하트마 간디의 이야기입니다.

미국에는 자신이 가장 비참한 존재라고 확신하는 청년이 있었습니다. 죽음의 충동이 마음 깊이 도사렸습니다. 견딜 수 없어 우울증 치료를 받아야 했지만 금방 호전될 수는 없었습니다. 주변 사람들은 청년이 자살하지 않을까 걱정을 했습니다. 청년의 인생에는 비극이 많았습니다. 가난해서 학교를 못 다녔으며 어머니가 일찍 세상을 떠났고 사랑하는 약혼녀도 병으로 잃었습니다. 결혼해 낳은 아이 중에서 둘이 자신이 살아 있는 동안 숨졌습니다. 하지만 그는 정신을 놓거나 패배하지 않았습니다. 끝내 우울을 훌쩍 뛰어넘어 강건한 정신의 정치인이 됩니다. 그는 에이브러햄 링컨입니다.

우리는 갈릴레이처럼 후회합니다. 갈릴레이가 우리와는 비교 못할 천재 과학자라고 하더라도 마음에서는 그와 우리가 조금도 다를 수 없습니다. 누구나 조심스럽지 않은 행동이나 말을 후회합니다. 반대로 당당히 말하지 못하고 침묵한 게 후회스러울 때도 있죠. 점심 메뉴 선택 같은 사소한 이런저런 결정까지 우리는 후회하게 됩니다. 이보다 큰 후회도 많아요. 사람은 자신이나 타인에게 큰 상처를 줍니다. 그런 일들은 돌이킬 수 없는데도 자꾸만 머릿속에 떠올라 괴롭습니다. 갈릴레이가 죽는 날까지 그랬을 겁니다. 딸의 비극의 원인 제공자 중 하나가 자신이라고 자책하면서 후회했을지도 모르죠. 인생이 그런 겁니다. 작고 큰 후회들을 쌓아 올리는 게 인생 여정이고 쌓인 높이가 까마득해 수습이고 뭐고 포기하고 싶은 즈음엔 인생이 끝납니다. 우리나 갈릴레이나 다 같은 처지입니다.

우리는 또 간디처럼 자기 성격을 싫어합니다. 내성적인 사람은 내성적인 게 싫습니다. 그러면 달변의 활달한 성격이면 만족하느냐 하면 그것도 아닙니다. 수다스럽거나 가볍게 보일 수 있기 때문입니다. 진중하면 느리고 진취적이면 서두르게 됩니다. 퉁명스러우면 친구가 없어 외롭지만 사교적이려면 무례도 자주 참아야 합니다. 우리 모두 자기 성격을 싫어하는데 이별하기는 어렵습니다. 내 성격은 한집에 사는 반려자와 비슷한 것이죠. 그러면 인생의 끝에서 결국 어떻게 될까요? 다수가 자신의 성격을 미워하는 채로 죽습니다. 소수는 화해합니다. 자기 성격을 긍정하면 마음의 갈등이 사라집니다. 간디가 모범 사례입니다. 그는 수줍은 자기 성격의 긍정적 면을 발견하고 자랑스러워하게 됩니다. 간디처럼 자기 성격을 좋아하는 편이 행복합니다. 바꿔 말해도 됩니다. 성격은 곧 인격이므로 자기 인격에 대한 긍정이 행복의 조건입니다.

우리는 또한 링컨처럼 어두운 기분 속에 빠져들 때가 많습니다. 무섭고 슬퍼서 차라리 연기처럼 사라져버리고 싶은 마음이 듭니다. 극소수지만 일부는 실행에 옮깁니다. 슬픈 일이죠. 무서운 일이고요. 그 슬프고 무서운 일을 하게 만드는 것이 바로 우울감입니다.

저 위대한 사람들과 우리의 마음이 비슷합니다. 후회, 자기 원망, 우울, 쾌락을 너나없이 공유합니다. 그렇다면 재미있는 결론이 나옵니다. 마음이 같은 나와 갈릴레이는 대화를 할 수 있을 겁니다. 링컨과 간디 그리고 우리 모두 서로 말이 통하는 친한 사이입니다. 정말 모이게 된다면 어떤 말을 주고받을까요? 저는 이 역사적인 인물들이 우리에게 할 말이 많을 거라고 생각했습니다. 우리 평범한 사람들을 괴롭히는 좌절감, 회의, 자책, 두려움, 혼란, 욕망에 대해서 어떤 식으로든 조언할 수 있을 것 같았습니다. 그래서 그들의 슈트와 마스크를 착용한 채 그들 대신 말하기로 했습니다. 달리 말해서 빙의하는 영매가 되어 그들의 말을 여러분에게 전하고 싶었습니다. 그래서 과거 역사적 인물과 현재 유명인들의 삶과 생각을 탐구했고 그들의 마음을 상상했으며 주제별 조언을 추출했습니다. 이 책이 상담 Q&A 형식을 취하게 된 배경입니다.

책에 등장하는 50명의 '카운슬러'는 면면이 다양하지만 고통의 바다를 건넜거나 그곳에 잠들었다는 점에서 다들 비슷합니다. 성폭행 트라우마를 끝끝내 견디고 극복한 가수(레이디 가가), 남편의 배신 때문에 실종극을 벌였던 작가(애거사 크리스티), 아침에 일어나면 매일 우울했다는 배우(짐 캐리), 최고 부자가 되었더니 되레 슬펐다는 갑부(손 마사요시) 등이 이 책에 나옵니다. 그들의 조언이 고단한 우리의 어깨를 토닥일 겁니다.

그렇다고 상담사들의 조언을 꼭 존중해야 하는 것도 아닙니다. 삶의 다양성만 확인해도 힘이 날 겁니다. 세상 사람들은 사람 수에 가깝게 다양한 인생의 길을 갑니다. 다들 자기에게 절실한 아픔과 고민이 있으며 또 자기 나름 해결책을 찾아냅니다. 소크라테스에서 아이언맨까지 다들 그렇게 자기 방식대로 자기 삶을 살았습니다. 고통의 종류나 해결 방법이 한없이 다양하다는 걸 알면 우리는 자유로워집니다. 내가 좀 별나더라도 이렇게 살아도 되겠구나 판단하게 된다면 그보다 더 좋을 수 없을 겁니다.

끝으로 작업 방식에 대해 밝혀둘 게 있습니다. 이 책의 카운셀러들에 관한 내용은 모두 실제 인터뷰와 사료에 따른 사실로 재구성했습니다. 1차 문헌과 2차 문헌 그리고 해외 언론 등에서 찾은 문장들을 제가 직접 한글로 옮겼습니다. 아울러 프랑스어나 독일어에는 강하지 못해 대부분 영어 문장을 원본으로 삼아 번역했다는 점을 밝힙니다. 또한 원문을 살필 여력이 있는 독자들을 위해 주요 인용 원문의 일부를 실어두었습니다.

위대하다고 생각했던 인물들에게도 인간적 연민을 느낄 면모가 다분했다는 사실을 알고 나면 자신의 삶을 보는 방식도 조금은 달라지지 않을까요? 독자 여러분이 이 책을 통해 인간적 연민을 경험한다면 저는 흡족할 것입니다. 연민은 우리의 마음을 깨끗이 씻어줍니다.

차례

머리말 •4

Chapter 1 사랑할 수 있을까?

프리드리히 니체님 엄마가 미워요 •14
클레오파트라님 못생겨서 연애를 못해요 •20
애거사 크리스티님 바람난 애인 때문에 비참해요 •24
한스 크리스티안 안데르센님 사랑을 고백하고 싶어요 •30
갈릴레오 갈릴레이님 부모님이 너무해요 •36
앙투안 드 생텍쥐페리님 위험한 삶이 가치 있었나요? •42

Chapter 2 슬픔이 사라질 수 있을까?

루트비히 판 베토벤님 애인이 생기지 않아서 슬퍼요 •50
요한 볼프강 폰 괴테님 친구들이 날 이해하지 못해요 •56
브래드 피트님 술을 끊어야 할까요? •62
키아누 리브스님 슬픈 인생은 나쁜가요? •68
레이디 가가님 트라우마를 극복할 수 있을까요? •74
해리 왕자님 엄마 잃은 슬픔을 어떻게 견뎠나요? •78

Chapter 1

사랑할 수 있을까?

프
리
드
리
히
니
체
님

엄마가
미워요

Friedrich Nietzsche, 독일의 철학자

보통 사람들은 힘들 때면 엄마를 찾겠죠. 이 세상에서 나를 제일 사랑하고 내가 제일 사랑하는 건 엄마니까요. 그런데 나는 엄마를 좋아하지는 않는 것 같아요. 엄마 가까이 있는 것조차 싫고, 대화할 때마다 피곤하고 화가 나요. 철학자인 당신은 제가 엄마를 사랑할 수 있는 방법을 아실까요?

아뇨. 나도 어머니를 사랑하는 방법을 모릅니다. 나도 어머니를 사랑하지 않았어요. 멀리 떨어져 독립적인 삶을 살고 싶었어요. 가끔 어머니라는 존재를 부정적으로 평가했고요. 그런데 내가 미쳐버렸을 때 나를 돌봐준 사람은 역시 어머니였습니다. 당신이 돌아가실 때까지 나를 헌신적으로 보살펴주셨죠. 내 이야기를 들으면 어머니에게 감사하는 마음이 조금은 생길지도 모르겠네요.

내가 서른여덟 살 때 친구에게 "나는 내 어머니를 좋아하지 않는 다"고 말한 적이 있어요. 어머니에 대한 불만이 있어도 남에게 대놓고 얘기하는 일은 흔치 않은데, 친구에게 털어놓을 정도로 어머니가 싫었던 겁니다. 나는 『인간적인 너무나 인간적인』에서 어머니의 보살핌에서 벗어나야 정신이 자유로워진다고 주장하기도 했어요. "주변 여성들의 모성적 돌봄과 보호를 떨치기로 끝내 결심할 때 자유로운 정신은 늘 안도의 숨을 쉬게 될 것이다."

나는 어머니의 사랑이 진실하지 않다고 봤어요. "보통 어머니는 아들 자체를 사랑하는 게 아니라 아들 속의 자기 자신을 사랑한다"고 주장했지요. 달리 말해서 어머니의 사랑은 자기애와 다름없다는 뜻이 됩니다.

어머니가 싫다거나 모성애를 믿지 않는다는 내 말을 어머니가 몰랐을 수도 있어요. 그래도 나 때문에 마음의 고통이 적지 않았을 겁니다. 먼저 종교적으로 크게 상심시켜드렸습니다. 내 할아버지는 목사였습니다. 아버지도 목사였고 어머니 또한 독실한 종교인이었어요. 어릴 때만 해도 나는 종교적 믿음이 강하고 착한 아이여서 부모님을 기쁘게 했죠. 하지만 자라면서 종교에 대한 태도가 급격히 변했고 결국 종교에 비판적인 학자가 되어버렸습니다.

나는 가혹할 지경으로 비판을 이어갔죠. 가령 『우상의 황혼』에서 이렇게 기독교를 비난했어요. "유럽 문명에 가장 심각한 마취제가 있었는데 그것은 기독교와 술이다." 아버지가 일찍 돌아가셨지만 재혼하지 않고 자녀와 신에게 헌신하며 살았던 어머니는 크게 절망했을 것입니다.

어머니는 내 부도덕한 연애 행각도 견딜 수 없었을 겁니다. 나는 1882년 이탈리아에서 루 살로메를 만나 깊은 사랑에 빠졌습니다. 러시아 출신의 정신분석학자이자 작가인 그녀는 자유로운 영혼이었죠. 두 남자와 동거하고 싶어 했습니다. 관습과 도덕을 존중하지 않았습니다. 나는 그녀에게 두 번 청혼했다가 거절을 당했어요. 내 누나는 살로메를 '부도덕한 여자'라 부르며 살로메의 가족에게 편지를 보내 기괴한 동거를 막으려 해서 도리어 나의 증오를 샀어요. 이 모든 것을 어머니도 알았을 겁니다. 어머니의 기준에서는 반도덕적인 사랑이었어요. 타락한 아들 때문에 어머니는 고통을 겪었을 게 분명합니다.

그런데 어머니의 아픔은 거기서 끝나지 않았어요. 미쳐버린 아들을 돌봐야 했기 때문입니다. 나는 1869년 24세라는 젊은 나이에 스위스 바젤대학교의 교수가 되었는데, 철학자로서의 삶은 20년밖에 되지 않아요. 1889년 44세가 되던 해 느닷없이 정신병이 생겼기 때문이죠. 내가 광기에 완전히 사로잡힌 것은 이탈리아 토리노의 길거리에서였습니다. 채찍질 당하는 말을 보고는 내가 큰 소동을 일으켰다는 이야기가 아직까지 전해집니다. 학대당하는 말에게 뜨거운 연민을 느꼈던 것 같습니다. 주인이 거칠게 채찍을 휘두르자 나는 항의하면서 말의 목에 팔을 둘러 보호하려고 했다고 합니다. 소리를 지르고 몸부림을 치던 나는 곧 바닥에 주저앉았습니다.

그렇게 나는 미쳐버렸고 내 인생은 끝났습니다. 공부나 저술 작업은 불가능했죠. 친구도 가족도 옛 연인에 대한 기억도 온전하지 않았어요. 환경이 열악한 수용 시설에 있던 나를 꺼내서 나움부르크로 데려가 보살핀 사람이 바로 내 어머니 프란치스카 니체Franziska Nietzsche입니다. 프랑스 철학자 프레데리크 그로Frederic Gros가 이렇게 묘사했습니다. "니체의 어머니는 자신이 죽을 때까지 니체를 사랑과 인내와 헌신으로 보살폈다. 씻기고 단정하게 꾸미고 산책을 시켰다. 그리고 밤과 낮으로 니체를 돌봤다. 7년 동안 그랬다."

어머니는 일흔이 넘은 나이에 미쳐버린 아들을 7년 동안 돌보다가 돌아가셨어요. 어머니는 내가 회복될 거라고 기대했을까요? 어쩌면 옆에서 숨쉬는 것만으로도 행복하셨을지도 모릅니다. 어머니 다음으로는 여동생이 나를 보살폈고, 1900년에 나는 먼저 숨을 거둔 어머니 곁으로 갔습니다.

나는 어머니를 좋아하지 않았습니다. 어머니의 사랑을 믿지 않는다고 공공연히 말하는 급진적 철학자였습니다. 그런데 운명은 내가 어머니의 보살핌 속에 살도록 정해놓았습니다. 어머니가 없었다면 나는 정신병원에 방치되었다가 외롭게 숨을 거두었을 거예요. 어머니는 나를 사랑으로 먹이고 씻겼습니다. 사자처럼 포효하던 위대한 철학자 니체는 마흔이 넘어 다시 어린아이가 된 것입니다. 나는 아마도 어머니의 눈을 보며 활짝 웃고 싶었을 겁니다.

생각해보면 어머니란 참으로 강한 사람인 것 같습니다. 못된 아들이 밀어내고 독설하고 외면을 해도 어머니는 상처를 받을지언정 물러나지 않습니다. 자신의 아이를 끝까지 돌보고야 맙니다. 미쳐버린 자식도 결코 포기하지 않는 어머니는 용기 있는 분입니다. 신이 죽고 의미도 사라진 허무의 세상에서 어머니의 용기는 더 밝게 빛났습니다.

클레오파트라님

못생겨서
연애를
못해요

Cleopatra VII, 이집트 프톨레마이오스 왕조의 통치자

잘생기거나 예쁘면 연애하기 유리한 게 사실입니다. 저는 솔직히 제가 봐도 못생겼습니다. 아무리 그래도 미남 미녀가 아니면 연애도 못하고 죽어야 하나요? 인류 역사상 최고의 미녀로 평가받는 당신께 묻습니다. 연애에서 외모가 그렇게 중요한가요?

외모도 중요할 겁니다. 육상이나 발레처럼 연애도 육체적인 행위니까요. 가령 상대의 눈에 빠져들고 손을 잡고 심장이 뛰는 등 몸을 써야 연애가 성립된다고 생각해요. 그런데 오해가 있어요. 외모가 전부는 아닙니다. 내가 최고의 미녀라서 남자들이 내게 빠진 게 아니거든요. 나는 외모가 아니라 정신이 매력적인 존재였어요.

로마의 역사가인 카시우스 디오는 나를 두고 '아주 빼어난 미모의 여성'이라고 표현했어요. 미국에서 만들어진 영화들도 나를 절세의 미녀로 묘사했어요. 내 코를 본 적도 없는 수학자 블레즈 파스칼은 『팡세』에서 이런 유명한 말을 남겼어요. "클레오파트라의 코가 조금만 더 낮았다면 세계의 역사가 바뀌었을 것이다." 내가 엄청난 미모로 역사에 막대한 영향을 미쳤다는 이야기입니다. 셰익스피어도 "세월은 그녀를 시들게 할 수 없다"고 나의 미모를 찬미했어요. 늙어도 예쁘다는 뜻이겠죠. 나는 마흔 살까지만 살았으니까 심하게 늙지 않은 게 당연했지만 아무튼 고마운 표현이에요.

나는 인류 역사상 최고 영웅으로 꼽히는 율리우스 카이사르를 매료시켰고 그의 아들까지 낳았어요. 내가 엄청난 미녀여서 그런 역사적인 연애가 가능했을까요? 카이사르의 마음에 들어갈 수 없으니 그가 무엇에 이끌렸는지는 알 수 없어요. 하지만 분명한 게 있어요. 나는 외모만 자랑하는 가벼운 사람이 아닙니다. 로마의 저술가 플루타르코스가 제대로 기록했더군요.

> "그녀의 아름다움은 비교 불가능한 수준은 아니었다. 또 눈으로 보는 사람을 뒤흔들 정도도 아니었다. 그런데 그녀와 나누는 대화에는 저항할 수 없는 매력이 있었다."

플루타르코스는 내 화법이 설득력이 있고 목소리도 현악기처럼 감미롭다고 기록하기도 했어요. 공정한 평가라고 생각해요. 사람들은 내 미모가 아니라 내 빼어난 화술에 매료되었던 겁니다.

그리고 아랍의 역사학자 알 마수디Al-Masudi는 내가 수학, 철학, 수사학 등에 뛰어난 학식이 있어 학자들과 전문적인 대화를 나눌 수 있었고 5개 종류의 언어에 능통했다고 기록했어요. 나의 연애 무기는 외모가 아니라 내면이었던 겁니다. 오똑한 코와 예쁜 눈으로 인류 역사를 뒤흔들었던 게 아니에요. 남자 권력자들은 나의 설득력 높은 화술과 빼어난 지성미에 매료되었던 거예요. 그러니 나에 대한 편견을 이제 그만 버려주세요.

아름다운 외모가 사랑의 유리한 조건인 건 맞아요. 하지만 내가 경험해보니 미모만으로는 약해요. 아름다운 외모가 달군 사랑은 금방 식어요. 예쁜 얼굴은 어느새 익숙해지고 뱃살은 빠르게 불어납니다. 시들지 않는 정신으로 사로잡아야 사랑이 오랫동안 뜨겁습니다. 외모에 강점이 없어도 내면의 당당함, 우아함, 친절, 지성미 등으로 다가가면 승산이 있다고 봐요.

• Age cannot wither her.

애거사 크리스티님

바람난 애인
때문에
비참해요

Agatha Christie,
영국의 추리 소설가

애인이 나를 배신했어요. 이 세상에서 그냥 사라지고 싶은 기분입니다. 모든 것이 싫어요. 추리 소설에서 나쁜 자들을 시원하게 응징했던 당신께 도움을 구합니다. 어떻게 해야 이 괴로움에서 벗어날 수 있을까요?

그 괴로움을 이해합니다. 사랑하는 사람이 나를 버리면 비참하죠. 나도 바람난 남편 때문에 큰 충격을 받고 대소동을 일으켰습니다. 배신한 애인에게 복수하는 법은 간단해요. 더 좋은 사람을 만나서 행복하면 됩니다. 그런데 그보다 중요한 게 있어요. 애인 따위 없더라도 오롯이 홀로 행복할 수 있어야 합니다.

나는 추리 소설가입니다. 인류 최고의 베스트셀러 작가죠. 위키백과를 보면 아시겠지만 나는 역사상 가장 많이 팔린 픽션 작가 랭킹에서 공동 1위입니다. 윌리엄 셰익스피어의 책이 최대 40억 권 팔렸다고 추정되는데 내 책도 그 정도 팔린 겁니다. 내 소설이 세상을 뒤흔들 정도로 인기가 높았지만 사실 나의 실종 사건도 그에 못지않게 세상에 큰 충격을 주었어요. 돌아보면 어떤 범죄 추리 소설보다 더 흥미진진했죠.

1926년 12월이었어요. 나는 딸을 재우고는 서닝데일에 있는 집을 떠났어요. 다음날 내가 몰던 차가 버려져 있는 게 발견되었죠. 차 안에는 가죽 코트와 운전면허증이 있었고요.

유명 작가가 돌연 실종되자 영국 사회는 발칵 뒤집혔죠. 1,000명의 경찰과 5,000명의 자원자들이 나를 찾아나섰습니다. 비행기가 뜨고 신문에 기사와 광고가 났어요. 사냥개가 투입되고 아서 코난 도일 등 추리 소설가도 동원되었지만 허탕이었죠. 흔적을 찾을 수 없었어요.

내가 범죄에 희생되었다고 판단할 만한 정황이었어요. 첫 번째 용의자는 바로 남편 아치볼드 크리스티였어요. 그 못된 인간은 직전에 낸시 닐이라는 젊은 여자와 사랑에 빠졌다면서 내게 이혼을 요구했어요. 그에게 나를 제거할 동기가 충분했던 상황이었어요.

그런데 11일이 지나고 누군가 멀쩡히 살아있는 나를 목격했어요.

해러거트에 있는 한 호텔이었어요. 호텔 직원이 신고를 했는데 내가 무도회장에서 춤을 추는 걸 봤다고 했어요. 나는 그 호텔에 테레사 닐이라는 가명으로 투숙했어요. 남편이 사랑했다는 그 젊은 여자 낸시 닐의 성을 빌려 썼던 거죠.

나중에 실종 사건에 대해 공식적인 발표를 냈는데 심한 스트레스 때문에 기억 상실증에 걸려서 생긴 해프닝이었다는 내용이었어요. 세상은 믿지 않았지만 나는 신경 쓰지 않을 거예요.

사실 가출 당시 내가 정신이 붕괴된 상태였던 것은 맞아요. 어머니의 죽음 때문에 충격을 받았는데 거기에다가 덮친 격으로 바람난 남편이 뻔뻔스럽게 이혼을 요구하는 바람에 견디기 힘들었던 것이죠. 기억 상실증에 걸려서 자기가 누구인지 잊고 호텔에서 춤추며 놀아도 하나도 이상할 게 없었어요. '테레사 닐'이라는 가명을 쓴 게 수상하다고 할지 몰라도 무의식적으로 그랬다고 우기면 반박이 불가능할 겁니다.

반려자나 연인이 바람을 피우면 복수하고 싶어집니다. 복수심이 가슴속에서 끓어올라 견딜 수 없게 됩니다. 그러나 어떤 종류건 나쁜 복수는 하지 마세요. 반드시 발각되어 후회할 것이기 때문입니다. 혹여 들키지 않아도 평생 괴로운 비밀을 안고 살아야 할 거예요. 치명적 비밀을 숨기고 사는 건 정말 가혹한 형벌입니다.

바람난 연인에게 우아한 복수를 해보세요. 다들 답을 예상할 텐데 좋은 사람을 찾아 다시 사랑하는 겁니다. 나는 복수에 성공했어요. 이겼어요.

나는 1930년에 고고학자인 맥스 맬로원과 결혼했습니다. 나보다 열네 살이나 어린 젊은이였죠. 신랑은 1904년 출생이니까 나와 결혼했을 때 스물여섯 살 정도였어요. 마흔 살 신부에게는 고맙도록 젊은 신랑이었어요. 우리는 40년 넘게 행복하게 살다가 사별했어요. 혹시 직업을 따져서 남편을 선택하실 거라면 고고학자를 강력 추천합니다. 의사나 기업가보다 월등해요. 이유는 내가 이렇게 설명했어요.

> "고고학자는 여자가 가질 수 있는 최고의 남편이에요. 여자가 늙어 갈수록 남편의 관심이 커지기 때문이죠."

그런데 위에서 배신 당하면 새 사람을 빨리 구하라고 조언했던 건 좀 짜증날 수도 있겠네요. 너무 흔할 뿐더러 현실적으로 도움이 안 되는 소리니까요. 그래서 다른 조언을 덧붙이고 싶어요. 설사 새 애인을 구하지 못하더라도 괜찮아요. 혼자서도 행복할 수 있으면 됩니다. 독립적 행복을 느끼는 기술은 삶에서 아주 중요합니다. 『딸은 딸이다A Daughter's a Daughter』에 썼던 글귀를 소개할게요.

> "이 세상에 친구가 딱 하나뿐이라는 사실을 받아들여야 해요. 요람

에서 무덤까지 나와 동행하는 그 친구는 바로 나 자신입니다. 그 친구와 다정하게 지내세요. 나 자신과 사는 방법을 배우세요."●

　혼자 있어도 행복하다면 애인이 필수가 아니라 액세서리가 됩니다. 연인을 있어도 되고 없어도 되는 장식물로 여길 수 있는 것이죠. 자기 자신의 '절친'이 될 때 더 성숙하고 기분 좋은 연애가 가능할 것 같아요.

● One must accept the fact that we have only one companion in this world, a companion who accompanies us from the cradle to the grave – our own self. Get on good terms with that companion – learn to live with yourself.

한스 크리스티안 안데르센 님

사랑을
고백하고
싶어요

Hans Christian Andersen, 덴마크의 동화 작가

오랫동안 좋아하는 사람이 있습니다. 마음을 고백하지는 못했어요. 거절당할 게 무서워서요. 그런데 시간이 갈수록 더욱 안타깝고 힘이 들어요. 당신도 오랫동안 사랑한 사람이 있었지요? 저는 어떻게 해야 할까요?

고백을 하건 하지 않건 개인의 자유입니다. 고백을 해도 위험 부담이 있고 안 해도 문제가 될 수 있어요. 선택의 문제죠. 나의 사랑 이야기를 참고로 삼아서 판단해보세요. 나는 45년 동안 한 여자를 그리워하다가 말도 못하고 죽었습니다.

나는 1805년 덴마크의 가난한 가정에서 태어났어요. 평범했던 나는 자라서 운 좋게도 아주 유명한 동화 작가가 되었어요. 『엄지공주』, 『미운 오리 새끼』, 『벌거벗은 임금님』, 『성냥팔이 소녀』, 『인어공주』 등을 읽지 않고 자란 사람은 전 세계에 극소수일 겁니다. 모두 나의 자랑스러운 작품입니다.

내 인생에서 가장 중요한 사건은 내가 스물다섯 살이던 1830년에 일어났어요. 학교 친구의 누이인 리보르그 보이그트Riborg Voigt를 만난 겁니다. 나보다 한 살 어린 그녀가 나의 첫사랑입니다. 내가 자서전에 썼듯이 아름답고 경건한 얼굴을 가졌으며 그녀의 눈은 선명한 갈색이었고 현명하고 사려 깊어 보였어요. 그런데 문제가 있었어요. 이미 약혼을 했더군요. 절망적이었습니다. 한 지인에게 보낸 편지에 내 감정을 이렇게 담았어요.

> "그녀는 내가 아는 가장 순수하고 매력 넘치는 존재인데 약혼을 했어요. 다른 사람의 신부예요! 그녀는 나의 감정을 알고 있으며 분명히 나의 사랑에 화답했어요. 그런데 그 사실이 나에게 고통만 줘요. 그녀는 나를 위해 살 수가 없어요."

일기에도 비통한 심정을 기도하는 심정으로 적었습니다.

"전능하신 신이여, 당신은 나의 모든 운명을 손에 쥐고 있습니다. 나에게 생명을 허락해주세요. 나에게 신부를 보내주세요. 내 피가 사랑을 갈구합니다. 내 마음도 그렇고요."

1831년 내 사랑 보이그트는 다른 남자와 결혼해버렸어요. 난 친구에게 "정말로 죽었으면 좋겠다"고 말했습니다. 그만큼 비통했던 겁니다. 그래도 죽지는 않았어요. 나는 세월이 한참 흘러서 일흔 살 노인이 되어서야 실제 죽음을 맞았습니다.

1875년 나는 침대에서 떨어져 크게 다쳤고 회복하지 못한 채 죽게 되었어요. 문제는 갑작스럽게 죽는 바람에 비밀을 들키고 말았다는 겁니다. 내가 첫사랑을 잊지 못했던 것이 들통나버렸어요. 내가 목에 걸고 있던 가죽 파우치에는 편지 한 장이 들어 있었는데 바로 보이그트가 보낸 이별의 편지였어요.

나는 스물다섯 살에 만난 첫사랑을 45년 동안 마음에 담아놓고 있었던 겁니다. 그녀가 결혼한 후 나도 다른 사람을 여럿 만났어요. 일반인 여성과 데이트를 했으며 스웨덴의 소프라노 가수와도 연애를 했어요. 또 바쁘고 정신이 없었어요. 동화를 구상하고 쓰고 출판하느라 정신이 없었죠. 운 좋게도 동화는 큰 성공을 거두었어요. 나는 유럽에서 유명인사였고 내 장례식은 덴마크 국왕이 참석할 정도로 큰 이벤트였어요. 나는 겉으로는 바쁘고 영광스럽게 살았습니다.

그런데 내 가슴이 비어 있었던 겁니다. 독신인 채로 일흔 살이 되어 죽을 때까지 첫사랑을 잊지 못하고 가슴 아파했어요.

이 일은 내가 세상을 뜬 직후에 세상에 알려지고 말았어요. 그런데 아주 오랜 시간이 지나고 더욱 기가 막힌 사실이 밝혀집니다. 나의 첫사랑도 나를 그리워하다가 숨을 거두었던 것입니다. 2014년 덴마크에서 시 한 편과 사진 한 장이 떠들썩하게 공개되었습니다. 내 사랑 보이그트의 후손이 갖고 있던 것인데 바로 내가 쓴 시와 내 사진이었습니다.

나는 1875년에 죽었어요. 내 사랑 보이그트는 8년 후인 1883년에 사망합니다. 그녀의 유품에서 내가 쓴 사랑의 시와 내 사진이 발견되었다고 합니다. 그걸 후손이 보관해왔는데 2014년 세상에 공개된 것입니다. 그녀도 죽을 때까지 나를 잊지 못한 것 같습니다. 몰래 나를 추억하면서 세월을 보냈던 것일까요? 바로 내가 그랬던 것처럼 말입니다.

우리는 서로 사랑하고 있다는 사실을 모른 채 외롭게 죽었습니다. 나는 인생이 가장 놀라운 동화라고 말한 적이 있는데 그녀와 나의 사랑이야말로 가장 놀랍고도 슬픈 이야기입니다.

그런데 생각해보면 그녀와 나는 모두 바보 같았습니다. 서로 사랑하면서도 수십 년 동안 말을 못하고 죽어버렸으니 어리석은 겁쟁이들이었던 것이죠. 만일 서로 마음을 터놓았다면 어땠을까요? 인생의 후반을 행복하게 함께 보냈을지도 모릅니다. 그럴 가능성이 있다는 걸 우리는 상상도 못했습니다. 자기 마음을 고백하지 않았으니 알 도리가 없었던 겁니다.

사랑이 깊어서 견딜 수 없다면 고백하는 게 좋을 거예요. 위험 부담이 없지 않아요. 그 사람이 깔깔깔 웃을 수 있겠죠. 또 사귀게 되더라도 서로 미워하며 헤어질 가능성도 충분해요. 하지만 가지 않은 길을 너무 많이 남겨두지 마세요. 평생 안타까움과 후회에 시달리게 되니까요.

갈릴레오 갈릴레이 님

부모님이
너무해요

Galileo Galilei,
이탈리아의 과학자

부모라면 사랑으로 자녀를 돌봐야 하는 것 아닌가요? 친구들을 보면 부모님께 참 많은 관심과 사랑을 받으며 지내는 것 같아요. 저와는 달리 말이죠. 우리 부모님은 제게 너무 냉정해요. 말을 차갑게 하고 내게 관심도 없는 것 같아요. 저를 사랑하지 않아서 그렇겠죠?

냉정하고 싶어서 냉정한 부모는 없을 거예요. 대부분 자신도 모르는 사이에 쌀쌀맞고 나쁜 부모가 되고 맙니다. 나도 그랬던 것 같아요. 그런데 그건 사랑하지 않아서는 아닌 것 같아요. 사랑을 표현하는 방법을 몰랐던 것 아닌가 싶습니다.

나는 결혼한 적은 없는데 자녀는 있었습니다. 딸이 둘이고 아들이 하나였죠. 베네치아에서 아이들의 어머니인 마리나 감바를 만나 10년 넘게 부부처럼 살았지만 우리는 합법적 부부는 아니었습니다. 나도 냉정한 아버지였는지 모릅니다. 두 딸을 수녀원에 보냈어요. 피렌체 교외 아르체트리에 있는 산마테오 수녀원에 들어갔을 때 큰딸 비르지니아는 열세 살이었고 둘째 리비아는 열두 살이었습니다. 둘은 내 합법적인 자녀가 아니었기 때문에 결혼을 하기 어려웠습니다. 또 출생에 문제가 있는 딸을 결혼시키려면 막대한 지참금이 필요했죠. 17세기 초반 이탈리아에서는 딸을 수녀원에 보내는 일이 희소하지 않았으니 나의 결정도 흔한 부류에 속했습니다.

그런데 수녀원 생활이 편안하지 않았습니다. 춥고 배고프고 고단한 생활의 연속이었어요. 수녀원에 기거하는 이들은 가족 친지에게 돈을 얻어 생활해야 했어요. 또 빵을 굽고 바느질을 하면서 돈을 추가로 벌어야 했어요. 수녀로서 마리아 첼레스테Maria Celeste 라는 이름을 갖게 된 큰딸은 요리와 청소를 하며 과일과 야채를 길렀어요. 또 약초로 약을 만들었으며 수녀원장 대신 편지를 썼습니다. 그런데 아무리 열심히 일해도 수녀원에서는 먹을 것이 부족했고 건강을 돌보기도 어려웠습니다. 큰딸의 편지를 보면 아마 여러분도 놀랄 겁니다.

1628년 3월 25일 편지에서 딸은 고기를 보내달라고 했습니다.

"내 나이에 벌써 거의 이가 없어서 아버지가 기름기 많은 양고기를 보낼 수 있다면 아주 기쁠 거예요. 나는 양고기는 분명히 먹을 수 있을 테니까요."

큰딸 마리아는 배가 고파서 먹을 걸 보내달라고 말했습니다. 그것만으로도 가슴이 아픕니다. 그런데 치아가 거의 없다고 했습니다. 스물일곱 살밖에 되지 않은 딸은 이가 다 빠졌습니다. 더 기가 막힌 게 있어요. 이를 자기가 직접 뺐다는 겁니다. 치통이 얼마나 심했으면 스스로 발치를 했을까요? 스스로 이를 뽑다 보면 부작용도 작지 않았을 테고 그래서 치아가 연달아 빠지게 되었을 것입니다.

딸은 자신을 수녀원에 보낸 나를 원망하지 않았습니다. 언제나 나의 육체적, 정신적 건강을 염려했으며 축복해주었고 사랑의 마음을 전해주었습니다. 정성껏 손수 만든 약도 보내주었고요.

1633년의 편지는 잊기 힘듭니다. 1633년 6월 나에게 중요한 판결이 내려졌어요. 지동설을 주장한 나는 평생 가택연금 생활을 해야 했습니다. 하늘이 무너지는 마음이었습니다. 진실을 말했다는 이유로 큰 박해를 받다니 암담했습니다. 7월 초 딸이 보낸 편지가 큰 위로가 되었어요.

늘 그랬듯이 나를 '경애하는 아버지'라고 부르면서 "판결 소식을 듣고는 내 영혼이 고통으로 꿰뚫리는 것 같았다"고 했습니다. 그리고 "신중함과 정신의 힘과 희망을 갖고 이겨내라"고 응원했습니다. 마리아는 1633년 10월 3일 편지에서는 할 수만 있다면 나의 벌을 대신 받고 나를 자유롭게 하고 싶다고 말했습니다.

그런데 이 착하고 고마운 딸이 다음해인 1634년에 사망했습니다. 고작 서른셋이었습니다. 이질을 앓다가 속절없이 세상을 떠버렸습니다. 딸을 먼저 보낸 내 마음이 어땠을까요?

나는 지인에게 보낸 편지에서 말했습니다. 마리아는 "아름다운 마음과 둘도 없는 선량함을 가진 아이였으며 나에게 더없이 다정하고 친밀했다"고 말입니다. 그리고 "그 아이가 6일을 앓다가 죽어서 나는 깊은 괴로움에 빠졌다"고 했어요.

또 다른 친구에게 쓴 편지에서도 슬픈 내 마음을 표현했죠. "나는 나 자신을 증오해요. 내 사랑하는 딸이 나를 부르는 소리가 계속 들려요."

딸을 먼저 떠나보낸 나 자신을 증오했습니다. 당시는 수녀원에 딸을 보내는 것이 보호의 의미도 있었습니다. 결혼하지 않은 여자가 일반 집에 머무는 것은 받아들여지지 않았어요. 또 세속의 집에서 산다고 해서 힘든 노동이나 배고픔을 면제받을 수 있었던 것도 아니었습니다. 아울러 수녀가 되면 출산을 면할 수 있어 기대 수명이 더 길어질 수도 있었습니다.

그러나 내 딸 마리아는 배고픔과 치통과 온갖 질병을 앓다가 겨우 서른셋에 죽었습니다. 나는 수녀원이 있던 아르체트리의 한 빌라에서 8년을 더 살았습니다. 자식을 떠나보내고 내가 행복하게 살 수 있었을까요? 딸이 나를 부르는 듯한 환청에 시달리며 눈물을 흘리고 괴로움을 겪으며 오랜 시간을 보냈습니다.

나처럼 자식에게 따뜻하게 대하지 못하는 냉정한 부모가 있을 겁니다. 그리고 자녀들은 그런 부모를 원망할 것입니다. 그런데 대부분 부모의 본심이 냉정한 것은 아닐 겁니다. 사정이 있겠죠. 아니면 사랑하는 방법을 몰라서 차가운 것일 수도 있습니다. 지금은 어리석은 부모가 머지않아 성숙해지고 깨우쳐서 진심으로 미안하다고 말할 날이 올 것입니다.

나처럼 못난 아버지를 두었다고 해서 아버지를 미워하면서 고통받지는 마세요. 부모도 나이는 먹었지만 역시 미숙한 한 인간에 불과합니다. 부모도 실수할 수 있다고 봐주면 마음이 편해질 겁니다. 마음의 고통이 줄어드는 건 좋은 일입니다. 무엇보다 소중한 자신의 삶에 충실할 수 있을 테니까요.

앙투안 드 생텍쥐페리 님

위험한 삶이
가치
있었나요?

Antoine de Saint-Exupéry,
프랑스의 작가

『어린 왕자』는 정말 아름다운 동화예요. 제가 제일 좋아하는 책입니다. 그런데 당신은 작가 말고도 비행사 일도 하셨더군요. 굉장히 위험한 직업이라고 들었습니다. 저는 소방관이 되고 싶어요. 재해 앞에서 무력해지는 사람들을 돕고 싶거든요. 하지만 부모님은 위험한 직업이라고 저를 만류하세요.

그래요. 나는 작가이자 비행사입니다. 말씀대로 비행사는 아주 위험한 직업이지요. 그렇지만 내가 위험하고 힘든 비행을 포기하지 못한 건 그것이 내 인생을 사랑하는 방법이었기 때문입니다. 지금 생각하는 미래가 자신의 인생을 사랑하는 방법이라는 확신이 든다면 주변을 설득해보세요.

나는 작가로 더 알려졌지만 사실 비행사라는 직업도 무척 좋아했어요. 1921년 공군에 입대해서 비행을 배웠습니다. 1926년 항공사 아에로포스탈에 입사해서 프랑스, 스페인, 북부 아프리카 지역을 잇는 항공 우편 루트를 개척하면서 비행사 경력이 본격적으로 시작되었어요.

비행사라는 직업은 작가 활동에 큰 도움을 주었어요. 비행사 경험이 없었다면 첫 장편소설 『남방 우편기』를 쓰기 힘들었을 거예요. 『야간 비행』은 문학상을 받았고 영화로 만들어지기도 했는데, 2년 동안 아르헨티나에서 비행사로 활동한 뒤에 쓴 작품입니다. 『인간의 대지』나 『어린 왕자』는 사하라 사막에 추락했던 경험에서 비롯된 작품들이죠.

작가 활동에 도움을 주었기 때문만은 아닙니다. 나는 비행 자체를 사랑했어요. 작은 비행기를 몰고 허공을 가르며 세상에서 놓여나는 자유를 경험할 수 있었죠. 하지만 사람들이 생각하는 것처럼 비행사가 낭만적인 직업은 아니었어요. 위험하고 거칠어서 필사적인 마음 없이는 비행사가 될 수 없었어요.

1920년대 비행기는 지금의 비행기와는 비교할 수 없이 불안정한 기계였어요. 프로펠러가 나무였죠. 무선 통신 장비나 브레이크가 없었어요. 조종석은 개방되어 있어 찬바람과 눈과 폭풍우를 다 맞아야 했어요. 항공 우편 루트를 개척한다는 것도 보통 일이 아니에요. 지

도가 부실했으니 강, 산, 계곡, 건물, 큰 나무 등을 기준 삼아서 눈대
중과 감각으로 경로를 잡아야 했습니다. 잘못하면 엉뚱한 곳으로 가
서 불시착할 수도 있었습니다. 얼마나 위험했겠어요. 또 낮게 날다
보면 깜짝 놀란 원시 부족들이 화살을 쏘기도 했죠. 자칫 사냥감이
될 수도 있는 게 비행사였던 겁니다.

　나는 북부 아프리카와 아르헨티나에서 항공 우편 경로를 개척해
서 공을 세웠고 밥 벌어 먹고 살았어요. 힘든 일입니다. 비유하자면
에베레스트의 등반 루트를 개척하거나 정글 통과 경로를 찾아내는
것과 같은 거였어요. 나는 폭풍우와 추위와 사고의 가능성을 각오하
면서 사하라 사막과 안데스 산맥을 넘나들었죠. 굉장히 위험합니다.
절대 낭만적인 비행이 아니었어요.

　비행기의 안정성이 낮았기 때문에 당연히 비행기 사고가 흔했어
요. 나는 큰 사고를 열 번 정도 당했습니다. 첫 번째 사고는 23세 때
였어요. 1923년의 일인데 머리에 골절상을 입었어요. 그 사고 때문
에 사랑을 잃었어요. 파리에서 만나 사귀던 루이즈 드 빌모랭이라는
여성이 나를 떠났습니다. 위험한 직업을 가진 나와 결혼할 수 없다
는 이유였어요.

　1935년에는 내 인생에 아주 큰 영향을 미친 사고를 당했어요. 기
록을 세우면 15만 프랑을 준다고 해서 파리에서 사이공까지 날아가
는 비행에 도전했는데, 비행기가 불시착했습니다. 종이 지도와 나침

반에 의지해서 비행하고 있었는데 한밤중에 리비아의 사막 위를 날다가 구름 속에서 방향을 잃고 고도 유지도 실패해서 모래 위에 떨어지듯 착륙하게 되었습니다.

부조종사와 함께 내가 떨어진 곳은 바로 사하라 사막입니다. 커피와 초콜릿과 과자밖에 없었던 우리는 5일 동안 헤매다 죽기 직전이었는데, 한 유목민이 정말 난데없이 불쑥 나타나 우리를 살려주었어요. 사하라 사고가 나의 인생에서 중요했던 것은 그 경험 덕분에 『인간의 대지』와 『어린 왕자』를 쓸 수 있었기 때문입니다. 『어린 왕자』에도 사하라 사막에 추락한 비행사가 나오는 거 아시죠? 소설에서는 어린 왕자가 불쑥 비행사 앞에 나타났습니다. 현실에서 나를 살린 유목민도 그랬어요.

비행기 사고 이야기로 돌아가면, 1938년에는 과테말라에서 사고를 당했어요. 다행히 잃지 않았지만 당시에 의사는 팔을 절단해야 한다고 했을 정도였어요. 평생 후유증을 남긴 사고였어요. 내가 아름다운 동화를 썼기 때문에 내 삶도 아름답고 평안했을 거라고 생각하겠지만 차라리 고통스러웠다고 하는 게 맞아요. 무엇보다 비행기 사고 때문에 몸이 온전하지 못했어요.

1943년에 나는 미국 뉴욕에 머물다가 알제리로 떠납니다. 그곳에서 프랑스 망명정부의 공군의 일원으로 참전해 독일군과 싸우려고 했어요. 그런데 나는 43세로 고령이었던 데다가 건강이 심각하게 좋지 않았지요. 혼자 비행복을 입지도 못했고, 늘 고열에 시달렸어요. 또 고개를 왼쪽으로 돌릴 수도 없었죠. 누가 봐도 비행기 조종이 힘든 상황이었던 겁니다.

미국의 작가 스테이시 시프Stacy Schiff는 『생텍쥐페리의 전기Saint-Exupéry: A Biography』에서 자세히도 묘사했어요. 내가 통증을 견디기 위해 계속 술을 마셔야 했고, 허리를 굽히는 것이 불가능했으며, 동료들이 나를 조종석에 앉히거나 조종석에서 끄집어내주어야 했다는 겁니다. 100퍼센트 현실에 부합하는 기록이란 존재하지 않겠지만 아무튼 내가 많이 아팠던 것은 사실이고 모두가 비행기 사고 때문에 입은 부상의 결과입니다.

마지막으로 최후의 사고가 남아 있네요. 그 사고로 나는 세상과 헤어지게 됩니다. 앞서 말했듯이 나는 몸이 좋지는 않았지만 경험 많은 베테랑이었기 때문에 정찰기 조종을 허락받았습니다. 1944년 7월 3일, 나는 지중해 코르시카 섬에서 비행기를 몰고 날아올랐습니다. 나치가 점령한 프랑스 남부 지역을 정찰하는 것이 내 임무였죠. 그러나 나는 돌아오지 않았습니다. 아무런 흔적도 남기지 않고 사라져버렸습니다. 60년 후 마르세유 부근의 바닷속에서 내 비행기가 발견되었죠. 그러나 조종사였던 나의 흔적은 전혀 없었습니다. 나는 어디로 갔을까요? 비행기와 함께 바닷속으로 추락했을까요? 아니면 또 어디론가 홀연히 떠난 것일까요? 세상 사람들은 아직도 궁금해합니다.

　비행기 조종은 굉장히 위험한 일입니다. 비행사라는 직업 때문에 치명적 사고를 당하고 내 몸은 성치 않았던 게 사실입니다. 그러나 나는 위험하고 고통스러운 조종사 일을 포기하지 않았습니다. 왜 그렇게 위험하게 살았는지 묻고 싶겠지요? 나는 『인간의 대지』에서 이런 말을 했어요.

> "나는 위험하게 사는 것에 대해서 말하는 게 아니다. 그런 말은 내게 무의미하다……내가 사랑한 것은 위험이 아니다. 내가 사랑한 걸 나는 안다. 그것은 바로 삶이다."

　나는 위험을 사랑하지 않았어요. 비행기를 몰며 위험과 고독을 마주하는 것이 내 삶이었을 뿐입니다. 나는 위험이 아니라 삶을 뜨겁게 사랑했습니다. 비행사로서의 경험 덕분에 여러 작품을 쓸 수 있었습니다. 내 삶이 위험하고 고통스럽지 않았다면 아름다운 동화를 쓸 수 없었을 거예요. 『어린 왕자』의 성공을 못 봤고 팬들의 사랑도 경험하지 못했지만 괜찮아요. 밤하늘 사하라 사막 위를 비행하는 절대 고독의 행복감을 느꼈으니 아무것도 아쉽지 않아요.

Chapter 2

슬픔이 사라질 수 있을까?

애인이
생기지 않아서
슬퍼요

Ludwig van Beethoven,
독일의 작곡가

열심히 노력해봤지만 도무지 애인이 생기지 않아요. 친구들 중에서 나만 솔로예요. 친구들은 다들 애인이랑 노는데 나만 혼자 정말 슬프고 외롭습니다. 이러다 평생 연애도 못해보고 내 인생이 끝나는 건 아닐까요?

상대방이 사랑 고백을 거절하면 무척 슬프죠. 그 심정 내가 잘 압니다. 진심으로 위로 드립니다. 그런데 말입니다. 사랑이 전부라고 착각하지는 마세요. 사랑의 실패가 인생의 실패는 아닙니다. 연애에 번번이 실패했으나 최고 음악가로 남은 내가 그 증거입니다.

남들처럼 나도 사랑을 원했어요. 어쩌면 남들보다 더 원했을지도 몰라요. 젊은 시절 나는 열심히 사랑을 찾아 다녔어요. 어릴 때부터 친했던 프란츠 게르하르트 베겔러Franz Gerhard Wegeler가 "빈에서 베토벤은 늘 연애 중이었다"고 기록해두었더군요. 친구의 관찰이 정확하겠죠. 나는 쉬지 않고 사랑을 좇았나 봐요.

그런데 역시 열심히 한다고 다 이룰 수는 없어요. 연애를 갈망했고 여러 번 사랑을 고백했지만 성공한 사례가 거의 없다시피 해요. 나는 결국 1827년 미혼으로 사망했습니다.

내가 왜 연애에 실패했을까요? 나를 연구한 후대 사람들의 글을 보면 나의 연애 스타일이 문제라는 지적이 많아요. 나는 '조건 무시 투쟁형 사랑'을 했다고 하더군요. 알다시피 나는 운명에 맞선 사람입니다. 소리를 못 들으면서도 위대한 작곡을 해낸 불굴의 베토벤입니다. 나는 캐릭터에 어울리는 명언도 남겼어요.

"나는 운명의 목을 쥘 것이다. 운명이 뜻대로 나를 완전히 꺾을 수는 없다!" •

나는 사랑할 때도 불굴의 투쟁 정신을 발휘했어요. 못 이길 것 같은 사랑 게임에 도전했던 것이죠. 우선 계급을 무시했어요. 평민에 불과한 내가 귀족 여성에게 과감히 접근했던 겁니다. 또 이미 약혼을 했건 말건 상관 안 했어요. 가능성이 높은 사랑에 도전하는 게 맞겠지만 나는 그러지 않았어요. 어려운 사랑을 두려움 없이 선택했어요. 사랑을 게임이라고 한다면, 그 게임에서 패배할 확률이 높았던 게 당연했어요.

1804년에서 1809년까지 요세피네 브룬스비크에게 14통의 연애편지를 보냈습니다. 내가 '천사', '나의 모든 것'이라고 불렀던 요세피네는 남편과 사별한 공작부인이었는데 나와 결혼하기를 거부했어요. 나와 결혼하면 그녀의 아이들에 대한 권리를 잃기 때문이었을 겁니다. 1810년에 나는 곧바로 또 다른 여인을 사랑하게 되었어요. 귀족이었고 갑부 집안 출신의 음악인 테레제 폰 말파티입니다. 나는 뜨거운 마음을 담아 청혼했지만 그녀의 집안이 강하게 반대해서 좌절하고 말았습니다.

앞서 1801년에는 피아노 제자였던 줄리에타 귀차르디Giulietta Guicciardi에게 청혼을 했어요. 알려진 것처럼 우리는 서로를 사랑했어요. 하지만 신분이 너무 달랐어요. 줄리에타는 백작 신분이고 게다가 약혼도 한 상태였어요. 평민인 나로서는 너무 높은 상대였던 것입니다. 결국 그 사랑도 실패했어요.

줄리에타는 아주 난해한 말을 남겼습니다. 나와 헤어진 후 30년이 지나서 나에 대해서 회고했는데, 내가 "아주 못생겼지만 고매하고 정서가 세련되며 교양이 있었다"고 했다더군요. 모욕인지 칭찬인지 판단하기 어려운 말입니다. 나는 줄리에타에게 〈월광 소타나〉를 바쳤는데 돌아온 건 결혼 거절과 난해한 '얄평'이었습니다.

내가 미남이 아니었던 것은 널리 알려져 있죠. 인정하겠습니다. 나는 키가 작고 머리 모양이 이상하고 얼굴은 얽어 있었어요. 머리를 빗지 않는 등 외모를 안 가꾸기로도 유명했죠. 또 20대부터 질병을 앓아 복통을 달고 살았어요. 뿐만 아니라 평생 청력 장애, 류머티즘, 간염, 황달, 농양, 발진티푸스, 대장염 등에 시달렸죠. 나의 신체적 악조건도 연애를 불리하게 만들었던 것 같아요.

내 연애사에서 가장 주목받는 이는 '불멸의 여인'이라 불리는 여성입니다. 나는 1812년 7월에 쓴 10쪽 분량의 편지를 보내지도 못하고 죽을 때까지 간직했어요. 내가 편지에서 '나의 천사', '나의 모든 것', '나의 행복' 등으로 불렀던 그 여성이 누구인지는 아무에게도 알려주지 않았어요. 귀족 여성이라는 소문만 돌았죠. 아무튼 그 여성을 향한 사랑도 실패로 끝났습니다. 1812년이 끝나가면서 나의 연애사의 중요 사건들도 다 끝납니다. 나는 일기에 이렇게 썼어요.

"이제 너 자신, 네 예술 이외의 곳에는 행복이 존재하지 않는다."

어떤 연구자들은 이 문장이 아주 중요하다고 봅니다. 내가 더 이상 사랑이 아니라, 예술의 세계에서 행복을 찾기로 결심했다는 의미라고 해석하는 것입니다. 아무튼 이후 4년 동안 휴지기를 거친 후 나는 왕성한 활동을 다시 시작했고, 〈장엄 미사〉와 〈9번 교향곡〉 등 불후의 명곡들이 태어나게 됩니다.

아무리 연애가 잘 안 된다 해도 나처럼 처절히 사랑에 실패한 사람은 많지 않을 것입니다. 사랑과 결혼을 간절히 원했지만 연애에 완전히 실패하고 말았어요. 저돌적인 연애 스타일이 문제였을 가능성도 있습니다. 나의 외모나 신분이 불리하게 작용했을 수도 있고요. 무엇이 원인이건 상관없습니다. 그 모든 연애의 실패를 뒤로 하고 나는 음악으로 돌아가 행복을 찾았습니다.

가능하면 뜨겁게 사랑하고 행복하게 결혼도 하세요. 하지만 애인이 생기지 않는다고 해도 좌절할 일은 아니라고 봅니다. 사랑에 성공하지 못해도 또 다른 것에서 행복을 찾을 수 있습니다. 사랑이 없어도 인간은 위대해질 수 있고 행복할 수 있다는 걸 내 인생이 증명했습니다.

• Ich will dem Schicksal in den Rachen greifen, ganz niederbeugen soll es mich gewiss nicht!

요한 볼프강 폰 괴테 님

친구들이
날 이해하지
못해요

Johann Wolfgang von Goethe, 독일의 문학가

친구들은 나의 슬픔이나 괴로움을 이해 못하는 것 같아요. 내 속마음을 다 털어놓지만 친구가 건성으로 들어서 좌절할 때가 많아요. 사람은 모두 섬이라는 말이 정말 맞나봅니다. 서로 이해하지도 못하면서 친구 또는 가족이라는 이름으로 더불어 살아가야 한다니 아연해질 때도 많아요. 이 불행한 기분을 어떻게 해야 하나요?

특별히 불행한 처지는 아닌 것 같아요. 연인이나 친구라도 서로 완전히 이해하는 건 애초에 불가능합니다. 생각을 바꾸는 게 어떨까요? 서로의 이야기를 조금씩만 더 듣고 조금씩만 더 이해하려고 노력하면서 살아가면 모든 면에서 지금보다 좋아질 거예요.

나는 1806년에 결혼했어요. 쉰여덟 살이었으니까 늦은 나이였어요. 그런데 나만 나이가 많았던 게 아니었어요. 그때 내 아들 아우구스트가 열여섯 살이었죠. 아내도 마흔 정도였어요. 아내 크리스티아네를 1788년에 만났는데 18년이 지나고서야 정식으로 결혼을 했던 겁니다. 나는 크리스티아네를 사랑했고 내 집에 들어와 살게 했으며 아이도 낳았지만 결혼은 하지 않았어요. 신분의 차이가 문제였어요. 그녀는 가난한 집안 출신이었고 나는 이미 유럽 최고의 작가였어요.

『젊은 베르테르의 슬픔』이 출간된 것이 1774년이었어요. 스물네 살의 나는 일약 유명 작가가 되었습니다. 당시 소설이 어느 정도 인기였는지 들으면 아마 놀랄 겁니다. 이 소설은 곧 라이프치히에서 금서가 되었어요. 덴마크와 이탈리아에서도 마찬가지였죠. 왜냐하면 주인공 베르테르처럼 자살하는 사람들이 많이 생겨났기 때문입니다. 『젊은 베르테르의 슬픔』은 엄청난 사회적 파장을 일으킨 인류 역사 최초의 '월드 베스트셀러'였습니다.

사람들은 교육도 제대로 받지 못하고 공장에서 일했던 크리스티아네가 유럽 최고의 작가인 나와는 어울리지 않는다고 생각했어요. 아내와의 결혼을 20년 가까이 미루었던 걸 보면 아마 나도 부끄러웠던 모양이에요. 아니면 사회적 편견에 맞설 자신이 없었거나 그랬을 겁니다.

그런데 나중에 나는 마음을 바꾸고 결혼을 하기로 했습니다. 아내의 용감한 성격이 계기였다는 루머가 돌았어요. 프랑스군이 우리 집을 약탈하려고 할 때 아내가 당당히 소리치며 막았고 그런 용맹함에 매료된 내가 결혼을 결심하게 되었다는 겁니다. 계기가 무엇이건 중요하지 않아요. 어떤 이유에서건 나는 20년 동안 미뤄왔던 결혼을 하기로 결심했어요.

내가 살던 바이마르의 지인과 친구들을 설득했습니다. 이해와 응원을 구했어요. 철학자 아르투르 쇼펜하우어의 어머니인 요한나 쇼펜하우어는 "괴테가 자신의 성을 그녀에게 준다면 우리는 분명 그녀에게 차를 대접할 수 있다"고 말했어요. 결혼을 인정하고 내 아내를 받아들여 주겠다는 뜻이었어요. 고마웠죠. 그런데 내 아내를 인정하지 않고 험담하는 이들도 적지 않았어요. 바이마르의 상류층 친구들은 내 앞에서는 미소 짓다가 뒤에서 아내를 비난했어요. 크리스티아네가 주정뱅이고 대식가이며 멍청하다고 말했어요. 또 매춘부이고 나의 모든 것을 망치는 나쁜 존재라고도 했어요.

나와 친했던 작가 베티나 폰 아르님Bettina von Arnim은 특히 심했어요. 내 아내가 미쳤으며 '독이 든 음식'과 다름없다고 면전에서 비난했거든요. 분노한 나는 절교를 선언하고 말았습니다.

문학과 철학 이야기를 나누며 가까이 지냈던 사람들이 나의 사랑을 이해하지 못했습니다. 아무리 호소해도 소용없었으니 내가 절망한 게 당연하겠죠. 그들은 왜 내 이야기를 들어주지 않았을까요?『괴테의 금언과 성찰The Maxims and Reflections of Goethe』에 나오는 문장 몇 개를 소개하겠습니다.

"모든 사람은 자기가 이해하는 것만 듣는다."

친구나 동료 그리고 가족에게 아무리 이야기를 해줘도 내 말을 전부 듣지는 않았습니다. 자기가 이해할 수 있는 것만 듣는 것이죠. 소통이 100퍼센트 이루어질 수는 없는 겁니다. 우리는 부분적으로만 소통합니다. 그게 사람의 한계입니다.

"사람은 다른 사람에게 속는 게 아니다. 자기 자신에게 속는다."

내 친구들도 자신들에게 속았던 것입니다. 자신의 편견에 속아서 내 아내를 배척했던 것입니다. 내 잘못도 아니고 내 아내가 못나서도 아닌 겁니다. 그들 잘못입니다. 그러면 단점이 많은 친구들을 어떻게 해야 할까요? 친구들의 단점은 못 본 척하는 게 좋겠습니다.

"어떤 사람은 친구의 단점에 대해 생각을 하는데 그래봐야 얻을 게 없다. 나는 항상 적의 장점에 주목하며 거기서 얻는 이득이 많다."

친구의 단점에 주목하는 건 해롭습니다. 친구들이 날 이해하지 않으면 당연히 섭섭하겠죠. 하지만 잊어버리세요. 누구도 내 말을 온전히 들어주지 않습니다. 자기가 이해하는 것만 귀에 들어오기 때문이에요. 친구가 미워도 장점을 찾는 게 더 나아요. 친구들은 내 결혼에 반대하고 내 아내를 비하했습니다. 그런데 호의도 있었어요. 나의 미래를 걱정해준 것은 사실입니다. 친구들은 비록 속물이었지만 나의 불행을 어떻게든 막고 싶었던 겁니다. 고마운 일입니다. 장점에 주목하니까 매정한 친구들이 덜 미워지는군요.

그런데 친구들의 반대에도 강행한 결혼은 오래 가지 않았어요. 건강이 나쁜 아내가 먼저 떠났습니다. 20년 가까이 미뤘던 결혼인데 10년 만에 사별하게 되었던 거죠. 아내는 나를 만난 후 항상 조롱 당했습니다. 그런데 나는 그녀의 아픔을 이해했을까요? 그녀의 깊은 슬픔 중 일부라도 내가 아는 걸까요? 아닌 것 같아요. 내가 친구들을 원망하는 동안 아내는 나의 몰이해가 서러워 눈물 흘렸을지도 모릅니다. 갑작스레 나 사진이 미워집니다.

브래드 피트 님

술을
끊어야
할까요?

Brad Pitt, 미국의 영화배우

저는 술을 많이 마십니다. 친구들도 대부분 술을 즐겨요. 밥보다 술이 좋을 때도 많아요. 우리는 왜 이렇게 술을 사랑하는지 가끔 궁금합니다. 당신도 술을 좋아하지 않나요? 우리가 이렇게 원하는 대로 마시면서 살아도 괜찮은 걸까요?

좋은 질문입니다. 술은 제가 전문가거든요. 이제는 멀리하지만 저도 술을 아주 많이 마셨습니다. 음주가 결혼이 파탄난 이유 중 하나가 되기도 했죠. 이혼 후에는 술을 끊었습니다. 그런데 깜짝 놀랄 만한 일이 벌어졌어요. 금주를 했더니 더 행복해지더라고요.

다들 아시겠지만 나는 할리우드에서 가장 떠들썩한 연애를 여러 번 했습니다. 가장 최근의 일은 앤젤리나 졸리와의 관계죠. 우리는 사랑하고 결혼해서 세상 사람들을 놀라게 했고 결국에는 또 시끄럽게 이혼을 했어요. 졸리는 이혼을 청구하면서 "가족들의 건강을 위한" 선택이라고 밝혔어요. 그럼 내가 뭐가 됩니까? 가족들의 건강을 해치는 존재가 되어버린 겁니다. 바꿔 말해 내가 사라지면 가족들이 건강해진다는 의미입니다.

무척 속상합니다. 하지만 완전한 거짓은 아니에요. 언론들이 추정을 하더군요. 내가 술을 너무 많이 마신 게 문제였다고 말이죠. 나는 시인도 부인도 하지 않다가 미국 잡지 『GQ』와 인터뷰하면서 결국 다 인정을 했어요.

"대학 졸업하고는 술을 안 먹거나 마리화나 등을 안 한 날이 하루도 기억 안 나요."

나는 음주 능력에 관해서는 엄청난 자부심을 갖고 있어요. 인터뷰에서 이렇게 말했어요.

"나는 와인은 아주 아주 좋아해요. 하지만 지겨울 정도로 많이 마셨어요. 이제 당분간 멀리해야 해요. 나는 보드카를 마셔도 러시아인보다 정말 훨씬 더 마실 수 있어요. 나는 프로였어요. 나는 정말 대단했어요."

나는 술이라면 자신 있었습니다. 정말 원 없이 마시면서 살았습니다. 결혼 후에 마리화나는 끊었지만 음주는 계속되었죠. 결국 문제가 일어났어요. 과도한 음주가 부부 갈등과 이혼의 원인이 된 것입니다.

나는 결혼을 동경했어요. "결혼한다는 건 내가 침대에서 방귀를 뀌고 아이스크림을 먹을 수 있다는 뜻"이라고 말한 적이 있어요. 낭만적이고 기쁜 결혼 생활을 기대했는데, 나의 술 사랑이 파경의 한 원인이 되고 말았습니다.

그런데 왜 그렇게 마셨을까요? 고통을 피하고 싶었던 것 같아요. 술을 마셔서 고통으로부터 도망치려 했던 것이죠. 그런데 알게 되었어요. 고통을 피하려는 시도가 어리석다는 걸 말이죠.

"고통을 회피하는 것은 정말 실수예요. 삶을 놓치는 것이에요. 아이러니하지만 우리를 만들고 성장하게 하며 이 세상을 더욱 좋은 곳으로 바꾸는 것이 고통이에요. 고통이 우리를 더 좋게 만들죠."

나는 더 이상 고통을 피하지 않기로 했습니다. 술도 끊었어요. 2017년 『GQ』와 인터뷰할 때 이미 6개월이나 술을 끊은 상태였어요. 술은 끊고 크랜베리 주스와 탄산수를 대신 마시면서 견뎠습니다. 쉽지 않았지만 그래도 아주 행복했어요.

술을 확 끊어보세요. 삶의 고통을 회피하지 마세요. 감정과 정신이 맑아지고 행복해질 것입니다. 막강한 애주가였던 브래드 피트가 권해드립니다. 술을 끊으면 무슨 낙으로 사느냐고요? 즐거움과 위안도 다 잃게 될 거라고요? 소중한 것을 잃는 것도 나쁘지 않아요. 내가 출연한 영화 〈파이트 클럽〉에 이런 대사가 나옵니다.

"모든 것을 잃은 후에야 무엇이든 할 수 있는 자유가 생긴다."•

영화 시나리오의 원작자인 척 팔라닉Chuck Palahniuk의 문장입니다. 중요하다고 생각하는 것을 포기하면 새로운 자유가 생깁니다. 폭음을 포기하면 고통에 맞서는 용기가 생길 것 같습니다.

폭음을 포기하면 고통에 맞서는 용기를 얻을 것입니다. 중독에서 탈출하는 사람은 어리석은 생각 하나도 삭제할 수 있습니다.

"광기는 결과가 달라질 거라고 기대하면서 같은 일을 반복하는 것이다."

미국 캘리포니아에 있는 약물사용자익명모임Narcotics Anonymous의

캐치프레이즈 같은 문장입니다. 어려운 말 같지만 알고 보면 쉽고도 심오해요. 도박 중독자가 있습니다. 그는 도박을 하고 또 합니다. 그는 광기에 사로잡혀 있습니다. 지난번에 돈을 잃었으면서도 이번에는 결과가 다를 거라고 기대합니다. 술 중독자가 있습니다. 그는 오늘도 또 술을 마십니다. 어제 술을 마시고 후회를 많이 했어요. 실수도 저질렀고요. 그런데 오늘은 다를 거라고 생각하면서 또 술을 마십니다. 바보 같습니다.

인간은 어리석습니다. 이번에는 다르다고 헛되게 기대하면서 나쁜 짓을 반복합니다. 중독자나 범법자가 나들 그런 심리입니다. 술이든 짝사랑이든 정신을 지배하는 나쁜 습관을 끊어보세요. 어리석음에서도 놓여날 테니까요.

• It's only after we've lost everything that we're free to do anything.

키아누 리브스 님

Keanu Reeves,
캐나다의 영화배우

슬픈
인생은
나쁜가요?

저는 슬픔을 잘 느껴요. 남들은 혐오하는 비둘기도 성치 않은 발을 보면 눈물이 나요. 내가 슬픈 감정에 사로잡혀 있다고 주변 사람들은 걱정이 많아요. 슬픈 감정이 드는데 그 감정을 외면한 채로 살아야 맞는 걸까요? 당신도 슬픈 눈을 가졌어요. 슬픈 삶은 내게 나쁜가요?

슬픔은 우리 삶을 절대 떠나지 않는다고 생각해요. 우리가 숨을 멈출 때까지 슬픔은 우리 주변을 서성일 겁니다. 나에게 비극적인 일이 많이 일어났던 게 무척 싫었어요. 하지만 이제는 서글프지 않아요. 원망스럽지도 않고요. 슬픈 인생도 살 만한 것 같아요.

내 인생에는 슬픈 일이 유독 많았던 것 같아요. 내가 세 살이던 1967년 아버지는 가족을 버렸습니다. 어머니가 나와 여동생 킴을 책임져야 했습니다. 어머니 홀로 아이들을 부양하는 게 쉬운 일이 아니었어요. 우리 가족은 레바논, 호주, 미국 뉴욕, 캐나다 토론토 등을 떠돌았어요.

1991년 여동생 킴이 백혈병 진단을 받고 오랜 투병을 시작했습니다. 난 말할 수 없이 마음이 아프고 두려웠어요. 1993년에는 나의 가장 친한 친구였던 리버 피닉스가 스물셋 나이에 숨졌어요. 사인은 약물 과용이었죠. 21년이 지난 2014년 이렇게 말한 적이 있어요.

> "리버 피닉스는 훌륭한 사람이자 배우였어요. 우리는 아주 잘 지냈죠. 나는 그가 그리워요. 자주 생각납니다."

오랜 세월이 지나도 소중한 친구의 죽음은 기억에서 지워지지 않았어요. 1999년에는 사랑하는 연인 제니퍼 사임이 출산을 했어요. 그런데 태아는 이미 숨을 거둔 상태였어요. 우리 커플은 곧 이별을 맞았습니다. 그런데 2001년 사임은 로스앤젤레스에서 차를 몰고 달리다 주차된 차량들을 들이받았어요. 차는 몇 바퀴 굴렀으며 사임은 차 밖으로 튕겨져 나와 숨을 거두고 말았습니다.

내 삶에서 슬픔이 멈추지 않았어요. 난 슬픔이 사라지지 않는다고 믿게 되었어요. 2006년 『퍼레이드』와 인터뷰하면서 그런 생각을 밝힌 적이 있습니다.

> "슬픔은 모습만 바꿀 뿐 절대 끝나지 않아요.˙ 사람들은 자기가 슬픔을 다룰 수 있다고 생각하고 '슬픔은 끝났어. 나는 이제 좋아졌어'라고 말하지만 그건 착각이에요. 틀렸어요. 사랑하는 사람들이 사라지면 홀로 남게 돼요."

슬픔은 끝나지 않아요. 즐거운 일이 생기면 그 곁에 슬픈 일도 도사리고 있어요. 슬픔은 모습만 바꿔가면서 우리를 고통스럽게 하죠. 숨 쉬며 사는 내내 슬픔이 끝날 거라고 결코 기대하지 말아야 하는 겁니다.

지금도 그 생각에는 변함이 없어요. 그런데 슬픔이 우리 삶을 파괴하는 것 같지는 않아요. 슬픔이 사라지지 않았지만 삶과 희망도 지속되더라고요. 2018년 내가 여동생 킴과 함께 로마 여행을 하는 장면이 해외 언론에 공개된 적이 있어요. 여동생은 20여 년 백혈병과 싸우며 버티고 있어요. 나에게는 큰 축복이고 희망이 아닐 수 없어요.

여동생이 백혈병에 걸린 건 큰 슬픔이죠. 그런데 그 슬픔 덕분에 내가 달라졌어요. 암 환자를 돕는 단체를 후원했고 또 내가 암 환자를 위한 단체를 직접 설립하기도 했어요. 단체가 내 이름을 쓰겠다고 했지만 나는 반대했어요. 평생 큰 슬픔을 겪어서 그런지 환호하고 떠드는 게 싫어요. 조용히 기부하고 싶어요.

슬픔이 많은 나는 돈에 집착하지도 않아요. 2014년에 『허핑턴포스트』와 인터뷰를 했는데, 그때 나는 이렇게 말했어요.

> "돈 문제는 제일 나중이에요. 이미 벌어 놓은 돈으로 나는 수백 년을 살 수 있어요."

나는 감사하게도 큰돈을 벌었어요. 돈이 많으니 돈에 집착하지 않겠다는 겁니다. 돈을 가볍게 여길 생각이에요.

나는 벤치에 앉아 홀로 햄버거를 먹어요. 옆에 노숙인이 있으면 대화를 하죠. 가끔 지하철을 타는데 내가 자리를 양보하는 영상이 인터넷에 공개된 적도 있어요. 나는 돈이나 화려함에 목매지 않아요. 슬픔을 많이 겪은 덕분이 아닐까 생각해요.

우연히 르네이트Renate라는 여성의 블로그renateibryne.blogspot.com에서 기분 좋은 글을 봤어요. 한국에서 태어났고 노르웨이에서 자랐다는 그녀는 슬픔이 나에게 "미스터리와 깊이를 더해줬다"고 평가했어요. 밝게만 살았다면 그런 미스터리와 깊이는 기대할 수 없을 것이라고도 했어요.

슬픔은 사라지지 않아요. 모습만 바뀔 뿐이에요. 그런데 그 슬픔은 우리에게 선물도 줍니다. 나는 고요함과 겸손 그리고 신비감과 깊은 마음 등을 선물 받았어요. 슬픈 인생이 나쁜 것이냐고 물으셨죠? 아닙니다. 슬픔이 가득한 삶도 아름다워요. 기쁜 삶이 초록 숲길이라면 슬픈 삶은 낙엽 숲길입니다.

• Grief changes shape, but it never ends.

레
이
디 가
가
님

트라우마를
극복할 수
있을까요?

Lady Gaga,
미국의 뮤지션

당신은 성폭행 트라우마에 시달렸다고 들었습니다. 다시 떠올리고 싶지 않은 일을 극복할 수 있었던 계기가 있었나요? 저는 군대 생활이 쉽지 않았습니다. 애초에 저에게 맞지 않는 곳이었던 것 같아요. 지금은 사회생활을 하고 있지만 군대 이후로 조직의 일원이 된다는 게 무척 고통스럽고 힘이 드네요.

말할 수 없이 큰 고통이었죠. 꼭꼭 숨기고 싶었어요. 하지만 말하지 않을 수 없더군요. 트라우마의 비밀을 품고 있으니 내가 거짓말쟁이 같았거든요.

나는 뮤지션이자 배우인데요. 행위예술가로 쳐주는 감사한 분들도 있더군요. 파격적이고 전위적인 퍼포먼스로 세상을 뒤흔들었다는 평가를 받았어요. 나는 그래미를 아홉 번 수상했으며 3,000만 장 이상의 앨범을 판매했어요. 돈도 많이 벌었죠. 2016년 2월 기준 나의 순자산은 2억 7,500만 달러입니다. 3,000억 원이 넘는다고 생각하면 될 거예요.

나는 성공적이고 대담한 아티스트지만 좀처럼 지혈이 되지 않는 상처가 내면에 있었어요. 나를 할퀸 사건을 2016년 처음 언론에 공개했죠. 열아홉 살 때 음악 프로듀서에게 성폭행을 당했어요. 오랫동안 아무에게도 말하지 않았어요. 나 홀로 조용히 그 기억을 품고 있으려고 했어요. 그런데 트라우마가 된 기억을 가슴에 저장해놓는 것이 불가능하더군요.

먼저 괴로웠기 때문이에요. 2018년 『보그』의 인터뷰에서 내가 겪은 고통을 좀더 상세히 설명했어요. 성폭행의 트라우마를 떠올리면 나는 전기 충격을 받은 듯 굳어버리더군요. 또 롤러코스터에 앉아 하강의 시작을 기다리는 그 공포도 느꼈어요. 숨 쉬기가 어렵고 온몸이 떨리며 울음이 터져 나오기도 했어요.

나는 "트라우마는 뇌를 갖고 있다"고 자주 말했어요. 트라우마는 인형 같은 무생물이 아니라 지능적인 괴물이에요. 내가 뭘 해도 쫓아다니면서 괴롭히는 게 트라우마예요. 나 혼자 아픔을 품고 사는

게 고통일 뿐 아니라 거짓말이라는 생각도 했어요. 나는 세상에 거
짓말을 하는 것처럼 느껴졌어요.

나는 아프면서도 아무렇지 않은 척했어요. 성폭행으로 인한 외상
후 스트레스 장애PTSD를 나 홀로 감당하려고 했어요. 대중 앞에서
가짜 연기를 하고 거짓말을 했던 것이죠. 진정한 소통이 가능하지
않았어요. 그래서 성폭행 피해 사실을 공개하게 된 것입니다. 지금은
어떠냐고요? 어느 기자가 행복하냐고 묻기에 이렇게 답했어요.

> "네. 나는 내가 믿는 일들에 집중하고 있어요. 나는 나 자신에게 도
> 전도 하고요. 새로운 영토로 떠나고 있어요. 약간 긴장도 하고 매우
> 기뻐하면서요. 요즘은 내 인생에서 가장 흥미로운 시간을 보내고 있
> 어요. 확실히 전환기인 것이죠. 10년이나 걸렸어요."

성폭행 때문에 10여 년을 고통받던 나는 치유와 변화를 맞게 된
것입니다. 또 깨달음도 얻게 되더군요. "슬픔이 내 속의 위대함을 파
괴하지 못했다"* 는 걸 알았다고 말한 적이 있어요. 누구든 사정이 무
엇이든 힘을 내세요. 슬픔 따위는 극복해버리고 그 위대함으로 돌아
가면 되는 겁니다.

• My sadness never destroyed what was great about me.

해
리
왕
자
님

엄마 잃은
슬픔을 어떻게
견뎠나요?

Prince Harry,
서식스 공작

얼마 전 제 언니가 투병 생활 끝에 세상을 떠났습니다. 아직도 언니가 이 세상에 없다는 게 믿기지가 않아요. 현실과 환상이 뒤섞여 혼란스럽고 고통스럽습니다. 당신은 아주 어렸을 때 어머니인 다이애나 왕세자비와 이별했지요? 아마도 사람이 겪는 가장 큰 슬픔이 가족을 잃는 것일 텐데, 그 슬픔을 어떻게 극복했나요?

어머니가 돌아가신 후 나는 감정 없이 살았습니다. 표현이나 소통을 하지 않고 감정의 문을 완전히 닫아버렸죠. 그렇게 20년을 보냈습니다. 그렇지만 이제는 달라졌어요. 마음의 상처를 치유하려면 대화하고 마음을 나누는 것이 꼭 필요하다는 걸 깨달았어요. 슬픔을 누군가에게 털어놔보세요. 늘 강한 사람처럼 보일 필요는 없어요.

어머니인 다이애나 왕세자비는 1997년 파리에서 교통사고로 돌아가셨습니다. 나는 열두 살 소년이었죠. 그 이후 약 20년 동안 나는 정신적 고통에서 벗어나지 못했습니다. 감정의 문을 닫고 누구와도 마음을 나누지 않고 홀로 견뎠습니다. 영국 왕족으로 태어난 것이 어린 나에게는 저주였어요. 어머니의 장례식이 무척 힘들었어요.

> "엄마는 방금 돌아가셨는데 나는 엄마 관 뒤에서 오랫동안 걸어야 했어요. 나를 지켜보는 수천 명의 사람들에 둘러싸여서 말이죠. 또 수백만 명이 TV를 통해 나를 봤을 거예요. 어떤 상황에서도 어린아이에게 그런 걸 시켜서는 안 된다고 나는 생각해요."

2017년 『뉴스위크』와 인터뷰하면서 했던 말이에요. 세상은 엄마 잃은 어린아이에게 너무 가혹했어요. 혼자 있고 싶을 때조차 대중 앞에 서야 한다는 건 정말 견디기 힘들었어요.

나는 엄마가 갑자기 세상을 뜨자 결심했어요. 절대 엄마 생각을 하지 않기로 한 겁니다. 엄마의 죽음을 대하는 나의 방법은 "모래땅에 머리를 박고 엄마에 대해서 생각하는 걸 완전히 거부하는 것"이었어요. 슬픔도 그리움도 모두 정지시켜 버린 것이죠. 감정의 문이 폐쇄되었습니다. 10대와 20대 시기를 그렇게 고독하게 보냈습니다. 2017년 『텔레그래프』와의 인터뷰에서 고백한 내용입니다. 엄마를 잃은 나는 감정을 억누르고 무감각하게 살았어요. 그런데 내가 달라졌어요. 군복무가 계기가 되었죠.

나는 10년간 군복무를 했는데 아프가니스탄에서 부상당한 군인들과 정신적 고통에 대해 대화를 많이 나눴습니다. 그게 터닝 포인트였어요. 자신의 내적 문제를 남에게 말하는 것이 큰 이득이며, 반대로 침묵하면서 감추는 것이 상황을 악화시킨다는 걸 알게 되었습니다. 나는 마음의 문을 열어 내 아픔을 고백하기 시작했어요.

"고통에 대해 말하지 않았던 걸 나는 정말 후회해요. 고통을 받는 건 아무것도 아니에요. 누군가에게 털어놓기만 한다면요. 고통받는 게 약점은 아닙니다. 문제를 인정하지도 않고 풀지도 못한다면 그게 약점이 되죠."

다른 사람의 고통에 대해서 듣고 대화하다 보니 내 고통도 속에 품지 말고 털어놔야 한다고 느끼게 되었습니다. 그래서 친구와 가족 그리고 의사 등 전문가에게 나의 아픔을 말했어요. "모래땅에서 내 머리를 끄집어내서 다른 사람에게 귀를 기울이기" 시작했어요. 그랬더니 치유의 길이 열리더군요.

나는 2018년 배우였던 미국인 메건 마클과 결혼식을 올렸어요. 왕자비가 흑인 혼혈이었으며 이혼 경력도 있다는 사실 때문에 세상은 놀라 떠들썩했어요. 그러나 나는 조금도 마음 쓰지 않았어요. 내 아픔을 듣고 이해해주는 사람에게 집중할 수 있었어요. 오랜 정신적 고통 속에서 나는 단련이 되었던 것 같아요. 2019년 5월에는 내 아들이 태어났어요. 나는 훨씬 행복해졌어요. 이 기적 같은 일을 엄마가 하늘에서 고대했을 겁니다.

Chapter 3

자유로워질 수 있을까?

친구들이
비웃을까
걱정돼요

Michelle Obama,
미국의 전 영부인 · 변호사

친구들의 웃음소리에 가슴이 철렁해요. 날 비웃는 것 같아서요. 새 옷이나 머리를 본 친구가 "이상해"라고 말하면 하루 종일 망한 기분이 들어요. 친구나 주위 사람들의 반응을 걱정하느라 하루하루가 피곤해요. 도와주세요.

많은 사람이 그래요. 특히 중·고등학교 때 그렇죠. 친구들의 웃음거리가 될까 항상 전전긍긍하게 되죠. 방법은 따로 없어요. 신경 쓰지 않는 훈련을 자꾸 해야 해요.

『피플』과 인터뷰를 했는데요. 과거의 나에게 해주고 싶은 말이 뭐냐는 질문을 들으니까 짧은 문장이 하나 딱 떠올랐어요. "그만 두려워하기!"였어요. 나는 참 불행했어요. 다른 사람이 어떻게 반응할까 두려워하는 게 습관이었으니까요. 내 소중한 시간 중 상당량을 그런 바보 같은 걱정으로 소비해버렸다는 게 지금까지도 안타까워요.

"내가 어린 나에게 조언을 할 수 있다면 이것이 될 거예요. 그만 두려워하기! 내가 만들어낸 의심과 두려움에 휩싸여 보낸 시간의 양을 생각하면 충격적이에요. 수업 시간에 대답을 못해 바보처럼 보일까 두려워했어요. 그 남자아이가 나에 대해 어떻게 생각할까 걱정했어요. 또 다른 여자아이들이 내 머리나 옷을 안 좋게 볼까 염려했어요. 그리고 점심시간 식당에서 누가 툭 던진 말 때문에 고민에 빠지기도 했죠."

뭐가 그렇게 두려운 것이 많았을까요? 과거의 나를 돌아보면 참 불쌍해요. 두려움이 없었다면 내 삶은 훨씬 더 즐거웠을 거예요. 두려움이 막아서지 않았다면 나는 훨씬 더 멀리 갔을 것이고 훨씬 더 많이 배웠을 거예요. 과거의 나에게 하고 싶은 말이 또 있어요. 삶을 넓게 보라고 조언하고 싶어요. 이렇게 말입니다.

"미셸, 지금의 중·고등학교 시절은 너의 인생에서 잠깐이야. 그 모든 사소한 일과 당황스러운 일 그리고 골칫거리는 넓게 보면 하나도 중요하지 않아."

현재만 생각하면 두려움이 커져요. 넓게 보세요. 인생 전체를 그려보는 거예요. 현재는 인생 전체의 작은 한 조각에 불과해요. 중·고등학생 때만 그런 건 아니겠죠. 나이가 더 많은 어른들도 기억해야 해요. 아직 많은 날이 남아 있고 곧 더 좋은 일이 찾아올 거예요. 두려움과 걱정은 묻어버리고 살아도 괜찮아요. 두려움이나 걱정은 대부분 내 머리가 만들어낸 허상이니까요.

존
레
논
님

남들이
나를 나쁘게
평가해요

John Lennon, 영국의 뮤지션

남들이 나를 좋게 보지 않아요. 비뚤어지고 제멋대로라는 평가를 자주 들어요. 친구나 선배들은 내 미래가 걱정스럽대요. 뭐가 잘못된 건지, 어떻게 해야 제멋대로라는 말을 듣지 않을지 저로서는 알 수가 없습니다. 나는 실패자가 될 것만 같아 고민이 깊어요.

내 생각에는 조금도 걱정할 게 없어요. 남들의 평가는 중요하지 않거든요. 사실 나도 선생님들로부터 악평을 들었지만 잘 성장해서 괜찮은 삶을 살았어요.

총과 『호밀밭의 파수꾼』을 든 한 남자가 나를 죽인 게 1980년입니다. 40년 가까이 지난 2018년, 내 학교생활 기록이 언론에 공개되었습니다. 학생이던 나는 태도와 행동이 지극히 불량했다고 합니다. 선생님들이 볼 때 나는 미래가 깜깜한 문제 아이였어요.

　1955년과 1956년에 선생님들이 작성한 평가 글은 누구라도 공개되길 원치 않을 내용이었어요. 열다섯 살과 열여섯 살 때 나는 심각한 말썽쟁이였나 봅니다. 나쁜 짓을 해서 학교가 끝난 후 남는 일이 아주 흔했죠. 나는 '아주 나쁜 행동'을 했고 교실에서 껌을 씹었으며 수업 중에 잡담을 하고 친구들과 싸우고 밀치기도 했어요. 또 질문에 무례하고 실없는 소리를 많이 했으며 지각도 잦았어요. 어떤 것에도 관심이 없는 태도였다는 평가도 있어요.

　누가 봐도 문제아였으니 선생님들은 걱정이 컸어요. 종교를 가르친 선생님은 내가 "수업 중 태도가 가장 불만족스럽다"고 했으며 수학 선생님은 "이런 식으로 하면 그는 분명히 실패에 이르게 된다"고 단언했어요. 물리 선생님은 내가 전혀 노력을 하지 않는다고 했으며 교장 선생님은 헛된 꿈wrong ambitions만 많다고 평가했어요.

　나와 친구들이 만든 비틀스는 대중음악 역사상 가장 인기가 많았고 가장 위대한 밴드였어요. 내가 결코 인생에 실패를 한 것은 아니죠. 리버풀에서 비틀스가 결성된 게 1960년이니까 5년 전만 해도 나는 완전히 희망 없는 아이로 보였던 모양입니다.

남을 정확히 평가하는 건 불가능한 것 같아요. 우리는 남을 알 수 없기 때문입니다. 타인의 고통과 슬픔과 희망을 몰라요. 그리고 타인의 가슴과 유전자 속에 잠재된 재능을 우리는 속속들이 알지 못합니다. 그래서 타인에 대해 틀린 평가를 내릴 수밖에 없죠. 학생들을 하루 종일 관찰하는 선생님도 그래요. 선생님들도 제자에 대해서 잘 모릅니다. 제자의 미래에 대한 확신은 대부분 틀리는 게 당연합니다.

저처럼 억울한 평가를 받은 또 다른 사람이 있었어요. 1895년 독일 뮌헨의 한 학교 교장 선생님은 알베르트 아인슈타인에 대해서 "그는 아무것도 못 해낼 것이다"라고 평가했어요. 정반대의 경우도 있어요. 인류 역사상 최악의 범죄자가 될 학생이 선생님께 사랑을 받았어요. 1905년 중학교에 다니던 히틀러에 대한 평가를 보면 "도덕적 행실이 아주 만족스럽다"고 되어 있어요.

어디 선생님만 틀리겠어요? 부모님이나 친구 그리고 선후배들의 생각도 다 맞을 수가 없어요. 사람은 우주의 별보다 많은 원자로 이루어진 신비로운 존재예요. 깜깜하고 까마득한 심해보다 더 비밀스럽죠. 타인은 절대 우리를 다 알 수 없어요. 확신을 갖고 나를 혹평하는 사람은 용맹무쌍한 바보입니다. 그러니 엉터리 같은 남의 혹평에 연연하지 마세요. 자신만의 기준을 굳게 세우고 당당히 버텨야 멋진 사람이라고 나는 믿어요.

무능한
나 자신이
미워요

Leonardo da Vinci, 이탈리아의 예술가·과학자

나는 왜 이렇게 무능할까요? 재산도 없고 직장도 변변찮아요. 매사에 무기력하고 잘하는 일이 하나도 없어요. 나 자신에게 실망스럽고 절망적입니다.

무능한 게 확실한가요? 실은 유능한데도 무능하다고 착각하는 것은 아닌가요? 내 이야기를 들어보세요. 나는 내 무능함 때문에 죽을 때까지 괴로워했어요.

나는 아주 느리게 일하는 예술가로 유명했습니다. 작업 계획을 세우는 데 시간이 무척 오래 걸렸고, 또 일을 시작한 후에도 작업 속도가 숨막히게 느렸어요. 15년 동안 그린 〈모나리자〉만큼 오래 걸리지는 않았지만 〈최후의 만찬〉도 꽤 느리게 작업했습니다.

동시대 작가인 마테오 반델로Matteo Bandello가 남긴 증언이 유명하죠. 그에 따르면 하루는 내가 갑자기 변덕에 휩싸여 한밤중에 〈최후의 만찬〉 작업장이었던 그라치에 성당으로 갔다고 합니다. 발판 위에 올라가서는 일을 시작하는가 싶더니 보는 사람들이 허탈한 상황이 벌어집니다. 나는 여기 저기 붓칠을 몇 번 하다가 그만두고 성당을 떠나버렸습니다.

띄엄띄엄 느리게 작업을 진행하자 의뢰인 스포르차 공작이 답답했던지 독촉을 했었죠. 후원금을 끊겠다는 위협을 했다는 설도 돌던데 진위를 확인해드리지는 않겠습니다. 아무튼 의뢰인의 압박이 없었다면 내가 〈최후의 만찬〉을 4년 만에 완성하지 못했을 거라고 연구자들은 말합니다.

내가 굼뜨다는 사실은 당시 교황도 잘 알았어요. 교황 레오 10세가 이런 말을 했습니다. "아아, 이 사람은 아무것도 못할 것이다." 무척 안타까웠던 모양입니다. 맞아요. 나는 일을 시작하는 것도 끝내는 것도 몹시 어려웠어요.

마무리를 짓지 못하니 나에게는 완성작이 많지 않아요. 또 같은 이유로 중간에 멈춘 미완성 작품이 여럿이에요. 루브르미술관에 있는 〈성 안나와 성 모자〉, 바티칸박물관의 〈광야의 성 히에로니무스〉 그리고 우피치미술관에 있는 〈동방박사의 경배〉가 미완입니다.

나는 독수리 같은 정신을 가졌습니다. 나의 정신은 빠르고 높이 날아갑니다. 나는 예술 분야에만 갇혀 있지 않고 높이 비상하여 건축학, 수학, 물리학, 의학, 공학, 생물학 등 숱한 분야를 속도감 있게 섭렵했습니다. 새로운 무기와 도시 설계도 그리고 섬세한 신체 해부도를 남겼으며 전투 탱크, 잠수함, 헬리콥터 등을 고안했습니다. 정신은 독수리처럼 종횡무진하지만 행동은 달팽이입니다. 나는 뭉그적거리고 느렸습니다. 도대체 왜 그랬을까 나도 궁금합니다.

게으르고 우유부단한 천성을 가졌다고 비난할 수도 있을 텐데 미국 작가 월터 아이작슨은 『레오나르도 다빈치』에서 나를 긍정적으로 평가해주더군요. 나는 가능한 사실과 아이디어를 최대한 모은 후에 한데 끓여서 작품을 창작했다고 말했어요. 내가 게으르거나 무책임한 게 아니라는 겁니다. 완벽한 작품을 위해서 어쩔 수 없이 오래 준비했고 한 번의 붓질에도 신중해야 했던 것이죠.

그렇습니다. 많은 연구자가 동의하는 바 나는 지독한 완벽주의자입니다. 완벽함을 갈망했습니다. 해서 시간과 에너지를 얼마든지 쏟아 부어도 아깝지 않았던 겁니다. 그런데 모든 완벽주의자는 불행합니다. 고통을 겪어요. 자신에 대한 불만에 사로잡혀 있기 때문입니다. 나도 힘들었습니다. 나의 작품들이 완벽하지 않을 게 두려워서 고통받았어요. 또 더욱 완벽한 것을 창조하지 못한 내 인생도 실패작인 것 같았어요. 생이 얼마 남지 않았을 때 나는 이러한 자괴감에 대해 기록했습니다.

> "이룬 것이 하나라도 있는지 말해주오……내가 어떤 것 하나라도 해냈는지 말해주오."

　나 자신에게 한 말일 수도 있고 신을 향한 호소일 수도 있겠습니다. 나는 내가 이룬 것이 단 하나도 없는 것 같았습니다. 평생 예술가라며 창작 활동을 했는데, 돌아보니 아무것도 만족스러운 게 없었어요. 얼마나 비참했을까 상상해보세요. 인생을 허비한 것 같지 않았을까요? 나아가서 나는 신과 인류에게까지도 죄를 지은 기분이었습니다.

> "내 작품이 당연한 질에 이르지 못했기 때문에 나는 신과 인류의 마음을 상하게 했다."

　죽음이 가까워지자 나는 비참해졌습니다. 스스로 무능하다고 확신했던 것입니다. 해놓은 것 없이 내 인생을 허비했고 신과 인류에게 죄를 지었다는 믿음에 빠졌습니다. 나는 슬픈 자기 환멸에 젖어서 죽었습니다. 불쌍하지 않나요?

이제 내가 죽고 500년 정도가 지났습니다. 실패한 예술가인 나를 아무도 기억 못할 줄 알았습니다. 그런데 인류는 나를 최고의 예술가로 평가합니다. 〈모나리자〉만 해도 세상에서 가장 유명하고 가장 비싸며 가장 사랑받는 그림이라고 들었습니다. 또 내가 인류 역사상 가장 완벽한 천재라는 극찬에 반대하는 목소리가 없더군요. 놀랐습니다. 그리고 깨닫게 됩니다. 어쩌면 나는 무능한 존재가 아닐지 모릅니다. 내 작품은 형편없으며 따라서 내 인생이 무가치하다고 환멸했던 내가 틀렸습니다.

세상에 못생긴 사람이 있을까요? 미의 기준은 시대, 사회, 개인에 따라 다릅니다. 그래서 어느 시대의 추남이 다른 시대의 미남이고 어느 나라의 추녀는 다른 나라의 미녀입니다. 세상에 못생긴 사람은 없어요. 같은 이유로 무능한 사람도 없습니다. 다들 고유한 능력이 있어요. 아직 그 능력을 인정받지 못한 것뿐입니다. 때를 기다리거나 좋은 사람을 만나면 무능력자가 초능력자가 될 수 있어요. 나는 500년이 지나서야 알았습니다. 세상에 무능력한 사람은 없습니다.

율리우스 카이사르 님

매일매일
걱정하면서
살아요

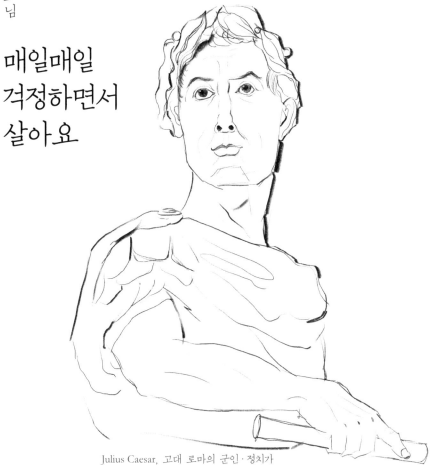

Julius Caesar, 고대 로마의 군인·정치가

저는 쓸데없이 걱정이 많은 편입니다. 그런데 매일매일 모든 일이 걱정되는 걸 어떡하죠? 심지어 아무 일이 없을 때면 언제 무슨 일이 일어나려고 지금 이렇게 아무 일이 없는지 걱정이 될 지경입니다. 습관적으로 두려움에 떨다니 정말 바보 같죠? 용맹한 당신에게 조언을 구합니다.

두려움이 없는 사람은 없어요. 나라고 두려운 게 없었을까요? 그런데 나는 미래의 일을 두려워하며 매일 걱정하는 게 싫었어요. 가령 암살될지도 모른다고 항상 걱정하기 싫어서 대비도 안 했어요. 돌아보니 그게 일찍 죽은 원인 중 하나이긴 합니다만, 걱정만 가득한 날들을 보낸다면 오래 산다한들 의미 있는 삶이었을까요?

나는 위대해지고 싶었습니다. 롤모델도 있었어요. 바로 정복자 알렉산드로스 왕입니다. 기원전 69년 재무관으로 선출되어 현재의 스페인으로 갔는데, 우연히 알렉산드로스 왕의 동상을 보고는 열등감에 휩싸였습니다. 그때 나는 서른두 살이었습니다. 알렉산드로스는 서른두 살에 숨졌는데 일찍이 대제국의 지배자가 되었어요. 스무 살에 왕위에 오른 후 정복을 거듭해서 그리스에서 인도 북서부까지 이르는 거대한 영토를 정복한 것입니다. 그런 그에 비해 나는 초라했어요. "알렉산드로스는 내 나이에 수많은 사람의 왕이었는데 나는 아직 빛나는 것을 이루지 못했다"면서 위대한 정복자의 동상 앞에서 깊은 자괴감을 느꼈습니다.

나는 알렉산드로스에게 큰 열등감을 느끼고 있었어요. 견디기 힘들어 한숨을 쉬고 눈물을 흘린 적도 있어요. 열등감은 야심의 다른 얼굴이겠죠. 내 가슴 속에서 들끓던 열등감과 야심이 내 인생을 추동했습니다. 덕분에 가장 강력한 군대를 지휘하는 무적의 장군이 되었고 집정관에 올랐으며 종신 독재관에 이르는 길도 열었습니다. 그런데 로마의 최고 권력자였던 나는 모두 알다시피 비참한 최후를 맞이합니다.

무방비인 나를 향해 귀족들이 달려들어 단검을 휘둘렀어요. 첫 번째로 공격을 한 자는 내 목을 찔렀죠. 나는 들고 있던 펜으로 반격해서 그를 찔렀습니다. 놀란 그가 "형제여, 도와주오"라고 외치자 수십

명이 달려들더군요. 비겁하게도 주로 내 얼굴 등 아픈 곳만 집중 공격했습니다. 역사가 플루타르코스의 기록에 따르면 내가 총애했던 브루투스는 심지어 내 가랑이를 찔렀어요.

나는 총 23군데를 다쳤는데 심각한 상처는 한 곳이었습니다. 이게 뭘 뜻할까요? 집단 공격을 당한 후 나는 피를 흘리며 천천히 고통스럽게 죽음을 맞았던 겁니다. 나는 기원전 44년 3월 15일 폼페이우스 극장에서 그렇게 죽었습니다. 알렉산드로스처럼 위대해지고 싶다는 꿈을 이뤘는데 곧 비극적으로 죽임을 당하고 말았어요.

그런데 왜 나에게는 경호원이 없었을까요? 나를 암살한 사들은 오합지졸이었습니다. 경호원이 몇 명만 있었어도 모두 쫓아낼 수 있었을 것입니다. 그런데 나는 혼자였습니다. 여러 가지 설이 있지만 여기서는 로마 역사가 플루타르코스의 기록을 전하겠습니다. 그는 내게 원래부터 경호원이 없었다고 말합니다. 충직한 부하를 포함해 많은 이가 나를 경호하겠다고 자원했지만 내가 물리쳤어요. 닥치면 한 번 죽는 편이 낫지 항상 죽음을 걱정하면서 살기 싫다는 게 이유였답니다.

나는 정치가이자 군인이었습니다. 위험한 직업이죠. 죽을 확률이 높았습니다. 그런데 항상 죽음을 걱정하면서 살면 괴로울 것 같았습니다. 경호원을 두면 매일 죽음을 걱정하는 삶을 살게 됩니다. 그래서 경호 없이 무방비로 지냈고, 살아 있는 동안에는 죽음에 대한 두려움을 잊고자 했습니다.

　모든 삶에는 위험이 따르니까 걱정도 하고 대비도 해야 합니다. 그런데 걱정이 심하면 매일 두려움에 떨면서 살게 됩니다. 인생을 낭비하는 것이죠. 최소한만 두려워하면서 살도록 노력해보세요. 그리고 꼭 하고 싶은 말이 있어요. 나를 위대한 영웅으로 평가하는데, 나에게 큰 슬픔이 있다는 것도 알아줬으면 해요.

　나의 소중한 사람 중에 죽음을 일찍 맞은 이들이 적지 않아요. 내가 세 번의 결혼에서 얻은 유일한 합법적 자녀가 일찍 죽은 게 마음 아픕니다. 그 아이는 딸 율리아였습니다. 예쁘고 착했어요. 나는 사랑하는 딸을 서른 살 연상인 폼페이우스와 정략 결혼하도록 했습니다. 그런데 율리아가 아이를 낳다가 숨졌습니다. 또 율리아의 남편이자 나의 정치적 경쟁자였던 폼페이우스는 나와의 전투에서 패배한 후에 이집트에서 암살되었습니다.

　한때 연인이었던 클레오파트라도 자살했습니다. 나의 충실한 부하였던 안토니우스도 마찬가지였죠. 클레오파트라가 낳은 아들 카이사리온의 친부는 나였습니다. 그 아이는 열일곱 살의 나이에 이집트 알렉산드리아에서 처형을 당하죠. 잔인한 처형 명령을 내린 사람은 다름 아니라 나의 양자 옥타비아누스입니다.

　사람들은 나를 영웅으로 여깁니다. 완전한 인간으로 평가하기도 해요. 동시대의 사상가였던 키케로는 나를 "천재성, 수완, 기억력, 문학성, 면밀함, 신중함 그리고 근면성을 겸비한 사람"이라고 평가했어요. 또 나는 위대한 로마 제국의 기반을 만들었습니다.

나는 다시 태어나도 카이사르로 살겠지만 누구나 그럴 필요는 없어요. 평범하고 작은 행복을 누리다가 조용히 영면하는 소시민의 삶도 괜찮다고 봐요. 나의 딸과 아들과 연인 등이 겪은 죽음의 비극은 내가 영웅으로 산 대가였을 겁니다.

걱정 문제만 해도 그래요. 위대해질수록 많은 것을 갖게 되니까 걱정이 많아집니다. 걱정 없는 삶을 원하면 위대해지지 마세요. 뭔가 크고 중요한 일을 해야 한다는 강박을 버리세요. 위대해지시 않으려고 노력할수록 걱정이 줄어들 것 같습니다.

크리스 에번스 님

잡생각을
쫓아주세요

Chris Evans, 미국의 영화배우

나는 생각이 너무 많아요. 잡생각이 하루 종일 나를 괴롭혀요. 예를 들어 일할 땐 일에 집중해야 하는데 한참 전에 친구와 논쟁이 있었던 일을 곱씹는 거죠. 아무것도 달라지지 않을 텐데 말입니다. 나도 당신이 연기한 캡틴 아메리카처럼 냉철해질 수는 없을까요?

나와 마음이 똑같군요. 나도 잡생각 때문에 괴로워요. 그리고 생각이 명쾌한 사람을 선망하죠. 사실 영화 속 내 캐릭터인 캡틴 아메리카가 부러워요. 어떻게 하면 잡생각을 쫓아낼 수 있을까요? 내가 알아낸 방법 몇 가지를 소개할게요.

먼저 나를 오해하지 말았으면 해요. 영화 '어벤져스' 시리즈를 보면 내가 아주 냉철한 역할을 맡았죠. 생각이 명료해요. 의지도 내 이두박근처럼 튼튼해 보일 겁니다. 그런데 실제의 나는 평범한 사람에 불과해요. 아니 어쩌면 보통 사람보다 더 약한 인간일지 모릅니다. 〈어벤져스〉에 함께 출연한 스칼릿 조핸슨이 『롤링스톤』 인터뷰에서 나를 이렇게 평가했어요.

"크리스는 연약한 꽃 같을 때가 있어요."

맞아요. 가끔 나는 '연약하고 여린 꽃'입니다. 세게 만지면 부스러지는 꽃송이 같은 사람이에요. 내 마음이 그렇게 섬세하고 약합니다. 그러다 보니 남들은 아무렇지도 않은 일도 내게는 힘들어요.

영화 시사회 레드카펫 행사만 해도 그래요. 그런 이벤트에서 내 마음이 어떤 줄 아세요? 겉모습을 봐서는 알 수 없겠죠. 팬들이 소리치고 카메라 플래시가 터지는 가운데 나는 멋진 옷을 차려입고 손 흔들며 인사를 하죠. 당연히 여유 있는 미소를 지어요. 그런데 속마음은 괴롭답니다.

레드카펫을 지나는 30분은 '뜨거운 석탄 위를 걷는 30분' 같아요. 새빨간 석탄에 발바닥이 닿아 있다고 생각해보세요. 견디기 힘들 거예요. 그만큼 마음이 불편하고 불안하다는 겁니다. 시간도 안 가고요. 지금은 좀 나아졌지만 팬들의 환호와 언론의 주목을 받는 게 굉장히 힘들었어요.

어린 시절부터 나는 생각이 많은 아이였어요. 엄마는 나를 '생각하는 사람the thinker'이라고 불렀어요. 나만의 생각에 골똘히 빠져드는 일이 아주 많았다고 해요. 이런 일이 있었어요. 차를 타고 멀리 이동해야 해서 엄마가 어린 나에게 게임기를 갖고 가라고 했습니다. 내가 심심할까봐 배려한 것이죠. 그런데 나는 게임기가 필요 없다고 했어요. "창밖을 보면서 생각이나 할래요"가 나의 답이었어요.

어릴 때부터 나는 생각이 많았어요. 돌멩이가 물속으로 가라앉듯이 틈날 때마다 생각 속으로 빠져드는 아이였어요. 물론 생각이 많은 것 자체는 문제가 아니겠죠. 괴로운 생각을 많이 했다는 것이 진짜 문제입니다. 나는 작은 일에도 상처를 받았어요. '연약한 꽃잎'처럼 말이죠. 또 팬을 포함해서 타인들이 나를 어떻게 생각할까 안절부절했어요. 레드카펫에서 불안하고 고통스러웠던 것도 그런 이유 때문이겠죠.

그리고 나의 판단에 대한 자신감도 부족했어요. 어떤 결정을 내린 후에 곧바로 의심이 드는 겁니다. 이게 맞는 생각일까? 틀리면 어쩌지 하고 말이죠. 늘 '두 번째 생각'을 하게 되죠. 한번 결정하면 단호한 캡틴 아메리카와는 정반대입니다.

원인이 뭘까 생각해봤더니 뇌가 문제더군요. 나는 이상한 뇌를 갖고 있어요. 뇌가 복잡해요. 소리가 멈추지 않았어요. 나는 내가 '시끄러운 뇌'를 가졌다고 표현했어요. 머릿속에 온갖 잡념이 가득한 것입니다. 특히 나를 괴롭히는 잡다한 생각들이 머릿속에서 떠들면서 춤을 춰요. 어떻게든 이 문제를 고쳐야 했습니다. 노력을 많이 해서 나름 방법을 터득했는데, 잡념을 쫓아내는 세 가지 방법을 알려드릴까 해요.

명상하고 책을 읽는 게 도움이 되더군요. 명상은 생각의 흐름을 통제하는 힘을 줘요. 독서도 집중력을 키워주죠. 잡념이 많아 고생하는 분들에게 명상과 독서가 큰 도움이 될 겁니다. 또 일을 열심히 하는 동안에도 정신이 맑아져요. 일에 몰두하면 뇌의 소음이 사라지고 잡생각이 증발합니다. 나는 일에 집중하는 순간 "진정으로 삶의 파도를 타게 된다"*고 말한 적이 있어요. 잡생각의 늪에서 빠져나와 내 삶의 기쁨을 만끽하게 됩니다.

명상이나 일에 집중하는 것 말고도 또 다른 팁이 있어요. 2018년에 '모티베이션 매드니스Motivation Madness'라는 유튜브 채널과 인터뷰를 했는데, 불안하고 복잡한 마음 때문에 힘든 사람에게 어떤 조언을 하겠냐고 진행자가 묻더군요. 나는 손가락을 입술에 대고 '쉿'이라고 소리를 냈어요. 나는 나쁜 생각이 들면서 불안해지면 "크리스, 쉿"이라고 말합니다. 내 뇌에 당장 입을 다물라고 신호를 보내는 겁니다. 여러분도 해보세요. 뇌가 해로운 생각을 하면 자기 이름을 부르면서 말하세요. "호동아, 조용!" "재석아, 그만!"

내 자신이 불안하고 복잡한 생각을 하는지 예민하게 감시하다가 즉시 말리세요. 내 생각이 멋대로 춤추지 못하도록 잘 관찰하면서 통제해야 해요. 자신의 생각에 대해서 생각하는 거니까 요즘 유행하는 말로는 '메타 인지' 훈련에 해당합니다. 이런 훈련을 하다 보면 캡틴 아메리카처럼 냉철하고 이성적인 사람이 될 수 있을 것입니다.

• You're really riding the wave of just living.

세르게이 브린 님

Sergey Brin,
구글 창업자

불안 줄이는
방법을
알려주세요

회사 생활을 하며 쌓은 노하우로 제 사업을 시작했습니다. 나름 열심히 꾸리고 있지만 내가 목표를 잘 이룰 수 있을까 항상 불안해요. 나만 열심히 하는 게 아니라 나보다 더 똑똑한 사람들이 세상에는 아주 많고 그 사람들도 모두 열심히 하고 있잖아요. 무엇을 해도 충분하게 느껴지지가 않습니다. 불안한 마음을 달래고 싶어요.

그런 사람이 많더군요. 세상 곳곳의 타인과 자신을 비교하면서 불안해합니다. 특히 요즘 젊은이들이 그래요. 해결책은 간단합니다. 넓게 보지 마세요. 좁은 시야를 가지면 마음이 안정될 겁니다.

나는 미국에서 자랐지만 태어난 곳은 러시아예요. 아버지와 어머니는 모스크바 국립대학교를 졸업하셨어요. 아버지는 수학 교수였고 지금은 미국 메릴랜드대학교 수학과의 명예 교수로 계시죠. 아버지는 어릴 때부터 수학을 가르쳐주셨어요. 나는 수학만큼은 자신이 있었어요. 나의 자부심이었고 또 자신감의 근원이었던 게 바로 수학 실력이었어요. 『LA 타임스』와의 인터뷰에서 이렇게 말했었죠.

"내가 자랄 때는 내 수학 실력이 반에서 최고라는 걸 늘 알았어요. 그래서 큰 자신감을 가질 수 있었어요."

그런데 요즘 학생들은 과거의 나와는 생활 조건이 다릅니다. 구글과 같은 인터넷 검색 서비스가 발달하면서 정보를 쉽게 얻을 수 있습니다. 이제 누구나 알게 되었죠. 자신보다 더 우수한 사람이 수없이 많다는 걸 말입니다. 자연히 강력한 경쟁자들과 자신을 비교하게 되는데 그 결과로 얻는 것이 바로 불안감입니다.

"내가 보기에 젊은이들에게는 존재적 불안이 있어요. 나는 그런 게 없었어요. 요즘 젊은이들은 거대한 산맥을 보지만 나는 오를 작은 언덕 하나만을 봤거든요."

세상을 넓게 보라고 조언하는 사람들이 많아요. 이 진부한 조언이 맞을 때가 많아요. 예를 들어 꿈을 정할 때나 자신을 성찰할 때는 시야를 넓히는 게 좋습니다. 하지만 넓게 보면 곤란한 경우도 흔해요. 가령 나를 남과 비교하면 내가 비참하게 느껴지면서 불안해질 수 있어요.

때때로 세상을 잊어버리고 나만 봐야 합니다. 내가 당장 오를 작은 언덕 하나만 생각하는 거죠. 옆에서 알베르트 아인슈타인 같은 사람이 에베레스트보다 높은 업적을 쌓건 말건 신경 쓰지 말아요. 구글이나 유튜브에서 본 천재적 경쟁자들은 깨끗이 잊어버리세요. 시야를 좁혀서 나의 목표에만 집중하면 불안을 줄일 수 있을 겁니다. 시야를 좁힌 게 내가 상상도 못했던 거금을 번 비결 중 하나인 것 같아요. 여기저기 두리번거리며 생각이 많은 사람은 돈을 벌기 힘들거든요.

스티브 잡스님

비난을
받으면 어떻게
해야 하죠?

Steve Jobs, 애플 창업자

친구나 가족들이 "너는 참 못됐다"고 지적할 때가 많아요. 직
장 동료들이나 상사까지도 그렇게 말할 때는 정말 절망적이었
습니다. 남들이 나를 비난할 때 어떻게 반응해야 하나요?

기분 좋은 질문은 아니네요. 내가 비난을 많이 받아봐서 도가 트였을
거라고 생각하시는 것 같아요. 속상해도 부정하지는 않을게요. 사실
이니까요. 나는 비난을 많이 했고 또 그만큼 비난을 많이 받았어요.
기억하세요. 남이 나를 비난한다고 자신까지 가세하면 안 돼요. '좋
은 사람이 되려고 노력하되 서두르지는 말자'고 다짐하면서 자신을
다독여보세요.

여러분도 아시겠지만 나는 최강의 독설가입니다. 사회생활에서는 말할 것도 없고 가족들에게도 독설을 꺼리지 않았어요. 친부모를 두고 '정자 은행과 난자 은행'이라고 표현할 사람은 세상에 거의 없을 겁니다. 그런데 내 입에서는 그런 막말이 쉽게 나와요.

> "그들은 나의 정자와 난자 은행이었어요. 가혹한 게 아니에요. 사실 그랬어요. 더는 아무것도 아니죠."

그렇게 매몰차게 말했던 건 친부모와 내가 생물학적 인연밖에 없었기 때문입니다. 동갑인 친부모는 스물셋 어린 나이에 임신을 했는데 결혼 반대가 심했다고 하더군요. 출산과 동시에 나를 입양시켰다고 하던데 말이 좋아 입양이지 사실은 버린 것이죠. 이후로는 거의 교류도 없었어요. 친부모는 내게 생물학적인 의미밖에 없는 게 사실이에요. 그래서 정자 은행과 난자 은행이라는 아주 차가운 표현을 썼어요.

그런데 나에게 23은 운명의 숫자일까요? 고등학교때부터 사귀었던 애인 크리스앤 브레넌Chrisann Brennan이 스물세 살 때 딸을 출산했어요. 나도 스물세 살이었어요. 임신은 계획에 없었던 일이죠. 크리스앤이 임신했다는 말을 듣고 나는 차갑게 반응했어요. 결국 우리는 이별했고 1978년 크리스앤은 나 없이 아이를 낳았어요. 딸 리사가 세상에 태어난 것입니다.

그런데 이때부터 나의 독설은 더 심해집니다. 딸 리사가 내 아이가 아니라고 고집했어요. 그게 사실이면 엄마인 크리스앤은 다른 남자와 아이를 만든 후 나에게 덮어씌운 게 됩니다. 심각한 불명예였겠죠. 그래도 나는 새 생명과 무관하다고 우겼어요. 크리스앤은 큰 상처를 받았을 겁니다.

나의 발뺌은 일취월장해서 내가 불임이라고 주장하기에 이릅니다. 1991년에 결혼해서 세 아이를 더 낳았으니 불임 주장은 새빨간 거짓말이었지만 어쨌거나 그때는 그렇게 외쳤어요. 앞뒤 가릴 상황이 아니라고 생각했던 것 같아요.

나는 과학의 권위까지도 부정하며 친부가 아니라고 외쳤습니다. 1980년에는 친자 확인 DNA 테스트를 받아야 했어요. 내가 리사의 친부일 확률이 94.4퍼센트로 나왔어요. 당시 기술로 측정 가능한 최고 확률이라고 하더군요. 그러나 확률이 100퍼센트가 아니잖아요. DNA 검사가 틀려서 내가 친부가 아닐 확률이 충분히 남아 있었던 겁니다. 나는 리사 양육비를 줘야 했지만 그래도 DNA 검사는 부정확하며 난 친부가 아니라고 공공연히 떠들었어요.

나는 딸 리사에게도 독한 말을 직접 쏟아 부었어요. 리사는 내가 죽은 후 『스몰 프라이Small Fry』라는 책을 냈어요. 내가 딸에게 못된 말을 많이 했더군요.

한번은 내가 포르셰에 흠집이 생기면 새것으로 바꾼다는 루머를 들었던 리사가 물었죠. 더 안 탈거라면 그 차를 자기에게 줄 수 없냐고 말이죠. 내가 정색을 하고 이렇게 말했답니다. "넌 그 무엇도 얻지 못해. 이해하니? 아무것도." 참 매몰차게 말했네요. 내 재산을 단 한 푼도 주지 않겠다는 선언입니다. 유산도 꿈꾸지 말라는 의미였죠. 그런데 돈만 문제가 아니었어요. 말 속에는 사랑이나 보살핌도 주지 않겠다는 냉담한 태도가 숨어 있었습니다.

나야말로 정자 은행인 듯이 말을 했군요. 너와 나는 오직 생물학적인 관계뿐이니 마음 나눌 생각을 깨끗이 접어두라고 선을 그었던 거예요. 나는 참 모진 사람입니다. 나는 죽을 때가 다 되어서도 리사에게 독한 말을 했습니다. 암으로 침대에 누워 있을 때였는데 리사를 포옹한 후에 "너한테서 화장실 냄새가 난다"는 기상천외한 말을 했다는군요.

그래요. 다들 알고 있잖아요. 나는 제멋대로예요. 남에게 아주 못되게 말하죠. 많은 사람에게 상처를 많이 줬을 거예요. 친구이자 애플의 엔지니어였던 앤디 허츠펠드가 어느 날 내게 물었어요. "가끔 왜 그렇게 되게 굴죠?" 나는 뭐라고 대답했을까요? 월터 아이작슨이 쓴 전기 『스티브 잡스』에 나와 있어요.

"이게 나예요. 내가 아닌 사람이 되길 나에게 기대하지 말아요."•

나는 원래 이런 인간이니까 그냥 이렇게 살겠다는 뜻입니다. 간섭도 말고 평가도 하지 말라는 거예요.

나는 강력한 비난을 들으면 저런 식으로 반응했어요. 보통 사람이 저런 말을 할 수는 없죠. 최악의 인간으로 취급받을 테니까요. 또 직장에서 쫓겨날지도 몰라요. 나는 괜찮았어요. 사람들이 좋아한 건 나의 인성이 아니라 나의 업적이고 실력이었으니까요. 또 나는 상당한 부를 가졌고 사회적 지위가 높았어요. 인성이 나쁘다고 누가 나를 배척할 수 없었던 거죠. 오만해도 되는 건 거물이어서 좋은 점이죠.

여러분이 보통 사람이라면 비난을 들어도 "이게 나니까 간섭하지 마세요"라고 답해서는 곤란합니다. 외교적 발언이 필요하죠. "노력할게요"라는 말을 던져주면 되는 겁니다. "내가 문제가 좀 있어요. 고치는 게 쉽지 않네요"라고 해도 좋아요.

다만 마음속으로는 '이게 나야'라고 생각해도 괜찮아요. 모든 사람들이 비난해도 마지막까지 나를 안아주는 사람이 있어야 하지 않을까요? 바로 나 자신 말입니다. 나에 대한 비난에 나까지 가세할 필요는 없어요. 다른 모든 사람들이 비난을 해도 자기변호를 포기하지 마세요. 마음속으로라도 나 자신을 위로하세요. 그렇게 하면 독한 비난을 견디면서 살 수 있을 거예요.

좀 억울한 게 있어요. 사람들은 나를 독설가라고 합니다. 그런데 더 독한 말을 하는 사람들이 아주 많아요. 그들은 정말 칼을 던지듯 비난을 퍼붓습니다. 어떻게 해야 할까요? 그들의 입을 막을 수는 없어요. 착한 마음을 갖도록 교화시키는 것도 불가능해요. 비수 같은 비난을 막을 방패를 하나 마련하는 수밖에 없어요. 그게 뭔가요? 내 생각에는 '이게 나야'입니다. '마음대로 말해라. 그런데 이게 나다'라고 중얼거리며 버텨야 독설의 정글에서 생존할 수 있어요.

그리고 참고로 말씀드리죠. 리사에게 정말 한 푼도 안 줬던 건 아니에요. 리사가 하버드대학교 학비 2만 달러를 나의 친구 앤디 허츠펠드에게서 빌린 적이 있어요. 그 돈은 내가 앤디에게 갚았어요. 또 내가 리사에게 수백만 달러를 유산으로 줬다는 기사가 『포춘』에 실렸던 것도 아시죠? 아무튼 그래요. 나는 낳기만 하고 나 몰라라 하는 매정한 아빠가 되지 않으려고 했어요. '정자 은행'이라는 비난은 듣기 싫었던 거죠.

• This is who I am, and you can't expect me to be someone I'm not.

Chapter 4

성공할 수 있을까?

리
오
넬
메
시
님

꿈을 이루려면
가장
필요한 게
뭘까요?

Lionel Messi, 아르헨티나의 축구선수

나는 꿈이 있어요. 이 지긋지긋한 가난에서 벗어나 성공하기를 갈망해요. 꿈을 이루려면 무엇이 가장 필요한가요?

무엇보다 성공이 공짜가 아니라는 사실을 알아야 합니다. 성공은 좋은 겁니다. 그 값진 걸 가지려면 뭔가를 내놓아야 합니다. 성공을 위해 뭘 포기할 건가요? '희생'을 각오해야 꿈을 이룰 수 있다고 나는 생각합니다.

미안하지만 나는 좀 상투적입니다. 너무 당연한 소리를 하거든요. 그런데 그게 내 신념인 걸 어떻게 하겠어요? 성공하기 위해서는 자기희생을 각오해야 합니다.

> "꿈에 도달하기 위해 싸워야 해요. 그것을 위해 희생하고 열심히 노력해야 해요."•

꿈을 실현하기 위해 투쟁하고 노력하는 것만으로는 부족해요. 꼭 뭔가를 희생해야만 해요. 그럼 어떤 희생이 필요할까요? 가족이나 친구와 헤어져야 한다면 받아들이세요. 조국을 떠나야 한다고 해도 수용하세요. 나는 그랬습니다.

외국 팀으로 옮겨가는 것은 결코 신나는 일이 아닙니다. 낯선 환경에서 지내야 해요. 가족들과 헤어지고 친구들과도 만날 수 없어요. 외로움이 클 수밖에 없죠. 그러나 이런 희생을 감수해야만 꿈을 이룰 수 있어요. 꿈을 이루고 싶다면 무책임하게 놀지 마세요. 나는 하고 싶은 걸 꾹 참고 하기 싫은 걸 했습니다. 욕망을 억눌러야만 성공에 도달할 수 있다고 나는 생각해요.

나도 다른 사람들처럼 파티에 가서 놀고 싶었어요. 그러나 참았습니다. 욕망을 접고 그 시간에 훈련에 힘썼어요. 파티에도 가고 훈련도 할 수는 없어요. 둘 중 하나만을 선택해야 한다고 생각합니다. 달리 말해서 하나는 희생시켜야 하는 것이죠. 사람은 무엇을 포기하느냐에 따라 미래가 결정된다고 봅니다.

성공하려면 사랑의 마음도 커야 합니다. 나는 돈 때문에 축구를 하는 게 아니에요. 나는 축구를 사랑하기 때문에 축구장을 뛰어다니는 겁니다.

> "돈은 동기가 아닙니다. 나의 동기는 내가 사랑하는 게임을 하는 데서 옵니다. 내가 프로축구 선수로 돈을 받지 못했더라면 나는 기꺼이 돈을 받지 않고 축구를 했을 거예요."

나는 축구를 순수하게 사랑하기 때문에 훈련을 열심히 했고 성공할 수 있었어요. 당신은 무엇을 사랑하나요? 그리고 그것을 위해 무엇을 희생할 것인가요? 사랑과 희생, 그 두 가지가 꿈을 이루는 길로 안내할 거라고 생각합니다.

• You have to fight to reach your dream. You have to sacrifice and work hard for it.

손
마사
요시
님

부자가
되면
기쁜가요?

孫正義,
소프트뱅크 창업자

사람들은 당장의 행복과 안락을 희생하고서라도 돈을 많이 벌기 위해 고군분투합니다. 그런데 정말 그럴 가치가 있는 건지 간혹 의문이 들 때가 있어요. 돈을 많이 벌면 어떤 기분일지 궁금해요. 어마어마한 부자가 되면 하루하루 기쁘고 행복한지 말씀해주세요.

돈이 부족하면 힘들어요. 가난하면 삶이 무겁고 슬퍼지죠. 그런데 세상 최고의 부자가 되면 어떨까요? 내가 막대한 돈을 벌어봤는데 한없이 기쁘거나 행복하지는 않더군요. 오히려 슬펐어요. 뜻밖이겠지만 어마어마한 부자들도 미묘한 슬픔을 느끼며 살아갑니다.

나는 지구 최고의 부자 그룹에 속합니다. 부자가 된다는 건 어떤 느낌일까요? 2016년 12월 인도 트러스트 통신사 PTI가 나의 고백을 보도했어요. 나는 이렇게 말했죠.

"사실 부자가 된다는 것은 슬픈 일입니다."

가난해서 슬픈 사람도 많은 건 다 아는 사실인데, 사실 부자 중 일부도 슬픔에 젖습니다. 갑부들만의 그 이상한 슬픔이 나를 찾아온 적이 있어요. 회사 주가가 급등해서 내가 세계 최고의 부자가 되었을 때였죠.

"나는 3일 동안 빌 게이츠보다 부자였어요. 그해 나의 순자산은 하루에 1,000만 달러씩 늘었어요. 나는 나 자신에게 돈이 무엇인가 묻기 시작했어요. 내가 친구나 다른 사람을 보는 방식이 영향을 받기 시작하더군요. 쇼핑의 기쁨도 잃기 시작했어요. 백화점에 가도 전혀 신나지 않아요. 가방 하나가 아니라 백화점 전체를 살 수 있으니까요. 그렇게 나는 쇼핑의 흥분을 잃었어요."

막대한 부가 생기면 친구 등 소중한 사람들까지 달리 보이게 됩니다. '절친'과의 관계가 돈 때문에 변화를 겪게 되는 것이죠. 슬픈 일입니다.

또 돈이 지나치게 많으면 소비의 즐거움도 사라집니다. 오랫동안 벼르다가 가방 하나를 살 때 맛보는 기쁨이 부자에게는 없습니다. 돈이 많으면 오히려 슬퍼지는 또 다른 이유입니다.

반론도 가능할 것입니다. 나처럼 감상적이지 않고 맹목적인 부자도 물론 세상에는 많아요. 그들은 돈을 버는 것이 인생 최대의 기쁨입니다. 그런 경우에는 돈을 벌수록 슬퍼지는 게 아니라 행복해질 거라고 생각하기 쉽죠.

그런데 내 생각에는 그렇지 않을 것 같아요. 돈 욕심이 많으면 돈이 아무리 많아도 목마르게 되어 있어요. 그들은 영원히 돈이 부족하기 때문에 평생 슬플 겁니다. 많은 경우 막대한 부는 슬픔의 원천이 되기도 합니다.

빌
게
이
츠
님

돈이
많으면
마음이
여유롭나요?

Bill Gates, 마이크로소프트 창업자

TV에 나오는 재벌들의 모습은 멋있어요. 표정에서 여유가 넘치는 게 특히 부럽더군요. 당신도 늘 편안해보여요. 궁금합니다. 돈을 많이 벌면 마음이 차분하고 여유롭나요?

돈이 생기면 마음이 편해지는 건 맞아요. 가난의 불안에서 벗어날 수 있어요. 그런데 부가 늘어날수록 보통 사람이 모르는 두려움이 갑부들을 괴롭혀요. 압도적인 공포를 느끼는 경우도 있어요. 돈이 마음의 평화를 보증하지는 못하는 것 같아요.

갑부들은 여유로워 보입니다. 미소와 자신감이 얼굴에 가득합니다. 자기 확신이 마음속에 가득한 듯이 자랑하는 사람도 많아요. 가령 '나는 두려움 없이 새로운 도전을 해왔다'고 자랑하고, '나를 따르면 틀림없이 성공할 수 있다'고 호언장담하는 부자들이 흔하잖아요. 그런데 부자들이라고 해서 두려움이 없는 게 아니에요. 겁에 질려서 보내는 시간이 적지 않아요. 적어도 나는 그래요. 위기를 겪던 IBM에 대해서 말하면서 솔직하게 고백한 적이 있어요.

"사업에서는 문제가 생긴 걸 깨달았다면 이미 늦은 겁니다. 자기를 구할 수가 없어요. 항상 겁에 질려 뛰어다니지 않으면 당신은 끝이에요."•

항상 무서워해야 했습니다. 무슨 일이 잘못될까 두려워하면서 분주하게 뛰어다녀야 하는 거죠. 그렇지 않으면 망합니다. 망하지 않으려면 두려워해야 했습니다. 사업체를 소유한 부자들에게는 실패에 대한 강렬한 두려움이 필수인 것이죠. 두려움은 나의 말습관에도 베어 있는 것 같아요. 나는 직원들에게 면박을 잘 줍니다.

"어떤 게 시간낭비이거나 부적절하다고 생각되면 나는 기다린 후 지적하지 않아요. 즉시 말합니다. 실시간이죠. 그래서 내가 '그건 내가 들은 가장 멍청한 아이디어예요'라고 말하는 걸 회의에서 자주 들게 될 겁니다."

나는 잘못된 생각을 즉시 그리고 가혹하게 지적합니다. 이 선량한 얼굴로 왜 그렇게 못되게 말할까요? 아마 실패에 대한 두려움이 배후에 있을 겁니다. 항상 겁에 질려 있거든요. 바보 같은 짓을 해서 망하면 어쩌나 늘 긴장하고 있는 것이죠.

나만 그럴까요? 아니에요. 나와 비슷한 사업가를 소개할게요. 찰리 멍거Charlie Munger도 비슷해요. 그는 투자회사 워크셔 해서웨이의 부회장으로 워런 버핏의 비즈니스 파트너입니다. 물론 엄청난 갑부죠. 그는 사업가란 성공이 아니라 실패를 먼저 생각해야 한다고 강조합니다. 지옥 같은 실패의 가능성에 대한 생각이 머리를 떠나선 안 되는 것이죠. 나처럼 그도 항상 겁에 질려 있어야 한다고 주장하고 있어요. 억만장자도 겁쟁이입니다. 어쩌면 서민보다 훨씬 더 압도적인 슈퍼 겁쟁이일지도 몰라요. 가진 것이 많으니 겁이 더 많아 지는 것이겠죠.

- In business, by the time you realize you're in trouble, it's too late to save yourself. Unless you're running scared all the time, you're gone.

토머스 에디슨 님

취업 시험에
번번이
낙방해요

Thomas Edison, 미국의 발명가

열심히 공부했어요. 한눈팔지 않고 마음 흔들리지 않고 취업
시험을 준비했어요. 그런데 번번이 떨어집니다. 합쳐서 100번
은 불합격한 것 같아요. 절망스러워요.

안되겠다 싶으면 빨리 포기하세요. 다른 길을 찾으면 돼요. 그게 싫
으면 더 많이 도전하세요. 실패는 끝이 아니에요. 실패는 깨달음의
한 과정입니다. 우리는 실패를 통해 실패하지 않는 방법을 배우게 됩
니다.

나는 1879년 에디슨표 백열전구를 발명할 때 1만 번 정도 실패했던 것 같아요. 그 전에도 전구가 있었지만 나의 발명품은 값이 싸서 부자가 아닌 가정에서도 쓸 수 있었죠. 탄소 필라멘트를 쓰는 게 핵심 기술이었는데 나는 연구팀과 함께 1만 번 정도 실험을 거듭해야 했습니다. 나는 이런 말을 남겼어요.

> "나는 실패하지 않았다. 나는 잘못된 방법 1만 가지를 찾아냈을 뿐이다."•

취업에 도전했다가 100번 불합격했다고 해도 실패는 아닙니다. 100가지의 잘못된 취업 전략이 무엇인지 배우게 된 것입니다. 틀린 길을 알았으니 점점 합격 확률은 높아지는 셈이죠.

포기하지 않는 끈기와 용기를 배우고 싶다면 내가 남긴 명언들을 음미해보세요.

> "인생의 실패자 중 다수는 포기한 그때 성공에 아주 가까이 있었다는 사실을 몰랐던 사람들이다."

내가 관찰해보니 그렇더군요. 사람들은 도전을 반복하다가 목표에 아주 가까운 시점에 포기를 해요. 많은 사람이 그렇습니다. 가능한 모든 방법을 다 써봤지만 실패라고 판단하게 될 때가 있어요. 그런데 착각입니다. 가능한 방법이 또 있을 겁니다. 그것을 찾아내서 다시 시도를 하면 됩니다.

"우리의 가장 큰 약점은 포기에 있다. 성공하는 가장 확실한 방법은 한 번만 더 시도를 하는 것이다."

포기하는 게 옳다고 확신한다면 빨리 포기하세요. 그게 아니라면 한 번만 더 도전을 해보세요. 도전을 거듭할수록 성공에 가까워질 것입니다.

• I have not failed. I've just found 10,000 ways that won't work.

제
프
베
저
스
님

경쟁에서
이기는 법을
알려주세요

Jeff Bezos, 아마존 창업자

삶은 경쟁의 연속이네요. 공부할 때는 친구와도 보이지 않게 경쟁했어요. 취직을 하니 여기도 경쟁자들이 주변에 가득해요. 누구보다도 경쟁을 많이 해봤을 것 같은 당신은 경쟁의 고통에서 탈출하는 방법을 아시나요?

경쟁을 하면 피곤하죠. 경쟁을 하지 마세요. 즉 경쟁자를 잊어버리세요. 대신 자신의 목표에 집중하세요. 그러면 경쟁 스트레스에서 벗어날 수 있고 또 성공을 이루게 될 것입니다.

내가 "이제 길 위의 쇼핑몰은 지나간 역사"라고 주장했을 때 비웃는 사람들도 있었어요. 내 생각에는 인터넷 상거래가 유일한 미래였어요. 나는 신념에 바탕해 아마존을 세웠고 세계 최고 부자 중 하나가 되었습니다. 나도 편하게 이 자리에 오른 것은 아닙니다. 살인적인 경쟁에서 승리한 결과입니다. 어떻게 경쟁에서 이겼냐고요? 경쟁자를 생각하지 않았습니다.

> "당신이 경쟁자에 집중하면 경쟁자가 뭔가를 할 때까지 기다려야만한다. 대신 고객에 집중하면 더 앞서 나갈 수 있다."

경쟁자를 신경 쓰면 경쟁자에게 뒤처지게 돼요. 또 경쟁자를 모방하기 십상입니다. 대신 고객에게 주목하면 경쟁자보다 앞서 나갈 수 있습니다. 경쟁자를 잊어버리면 경쟁에서 이기게 되는 거죠.

경쟁자를 생각에서 삭제해버리면 경쟁 압박감이나 스트레스도 줄일 수 있어요. 경쟁자와 경쟁하는 게 아니라 자신의 목표만 생각하면 훨씬 편합니다. 그런데 정말 성공하고 싶다면, 경쟁자뿐 아니라 나 자신도 잊어버리고 고객에 집중해야 합니다.

> "사업을 확장하는 두 가지 길이 있다. 당신이 잘할 수 있는 것이 무엇인지 파악하고 당신의 기술을 바탕으로 확장하는 것이 하나다. 아

니면 고객이 필요한 걸 먼저 판단하고 역방향으로 일한다. 새로운 기술을 배워야 한다면 배우면서 말이다."

보통은 내가 잘하는 게 무엇인지 먼저 생각하죠. 안됩니다. 내가 갖고 있는 기술에서 출발하지 마세요. 고객이 필요한 게 무엇인지 생각하고 필요하면 새로운 기술을 배우세요. 그렇게 보통 사람과는 다르게 역방향으로 사고하며 일하면 성공할 수 있습니다.

사업 성공이 아니라 개인적 꿈을 이루기 위해서도 역방향으로 접근해야 할 겁니다. 원하는 꿈이나 목표를 먼저 설정하세요. 그다음 목표 달성을 위해 내게 어떤 능력이 필요한지 따집니다. 다음으로 그 능력을 키웁니다.

당신의 꿈은 뭔가요? 개인도 자기 꿈을 갈망하면서 위와 같은 방법으로 노력하면 성공 확률이 높아질 겁니다. 어느 회사 또는 어느 대학을 가고 싶나요? 1단계 목표 설정을 했으면, 2단계로 어떤 능력이 필요한지 연구하세요. 그다음은 3단계입니다. 능력을 얻기 위해 노력하는 겁니다. 목표 달성을 위해 나의 존재를 바꿔야 합니다. 힘들겠죠. 고통스러울 것입니다. 그러나 내가 생각하는 유일한 성공의 길입니다.

마크 저커버그 님

가게를 열어
성공시킬 수
있을까요?

Mark Zuckerberg,
페이스북 창업자

커피집을 차릴까 아니면 족발집을 열까 고민하다가 족발집으로 기울고 있습니다. 페이스북을 성공시킨 당신께 조언을 구합니다. 어떻게 하면 족발 장사에 성공할 수 있을까요?

족발에 대해서는 잘 모릅니다. 그런데 족발집을 열건 아니면 카페를 창업하건 성공 조건은 같다고 생각해요. 고객들에게 어떤 임팩트를 줄지 고민하면 성공할 수 있다고 봐요.

내 생각에 사업을 하면서 중요한 건 돈벌이가 아닙니다. 세상에 어떤 충격을 줄지가 더 긴요한 문제입니다. 2017년 미국 CNBC를 통해 저의 사업 철학을 공개한 적이 있어요.

> "사업을 성장시키고 싶다거나 실패하지 않겠다는 다짐보다는 이 세상에 거대한 임팩트를 주겠다는 생각이 내겐 훨씬 더 큰 동기부여가 됩니다."

현실 감각이 없다고 나를 혹평해도 어쩔 수 없어요. 나는 그렇습니다. 돈을 버는 것보다는 세상에 좋은 영향을 끼치는 것이 더 중요합니다. 족발로 고객들에게 강렬한 인상을 줄 수 있을까요? 그렇다면 부와 성공은 자연히 따라올 것입니다. 커피 한 잔으로 고객을 행복하게 만들 수 있을까요? 그렇다면 커피 가게가 실패할 수는 없을 겁니다.

돈을 어떻게 벌 것인가 고민하지 말고 어떻게 하면 멋진 임팩트를 줄 수 있을까 숙고해야 하는 겁니다. 소설을 쓰는 사람, 인터넷 사업가, 음악 공연을 하는 사람, 옷을 만드는 사람 등 모두에게 신선한 임팩트가 목표여야 한다고 나는 생각합니다.

같은 맥락인데 나는 나만의 두려움이 있어요.

"뭔가 망치거나 사업이 잘못되는 것보다는 인생에서 주어진 기회를 극대화하지 못하는 상황이 나는 훨씬 두려워요."

상황이 최악이어도 기회는 있습니다. 그 기회를 최대한 활용해야만 합니다. 매출이나 돈에 신경 쓰지 마세요. 대신 나에게 어떤 기회가 있는지 분석하고 그 기회를 극대화하세요. 그러다 보면 매출이 늘고 돈도 벌 수 있을 겁니다. 당신의 기회를 최대한 활용하여 맛있는 족발로 세상에 근사한 충격을 주길 기원하겠습니다.

성룡님

成龍, 홍콩의 영화배우

돈을
펑펑 쓰면
행복한가요?

당신은 가난한 집에서 태어나 큰 부자가 되었어요. 스스로 부를 일군 당신은 저의 롤모델입니다. 돈이 부족한 환경에서 살다가 돈을 많이 벌어서 마음껏 쓰면 아마 많이 행복하겠죠?

돈으로 행복을 살 수 없다고 많이들 말하죠. 허튼소리처럼 들릴 겁니다. 배부른 소리 같기도 하겠죠. 그런데 사실입니다. 돈이 행복을 주지는 못해요. 돈을 펑펑 쓴다고 행복하지는 않다는 걸 내가 경험했습니다.

나는 2018년에 자서전 『네버 그로우 업Never Grow Up』을 냈습니다. 놀란 팬들이 많을 겁니다. 내가 저질렀던 잘못들을 그 책에 솔직하게 고백했거든요. 가난한 집에서 태어나 오랫동안 가난에 시달렸던 나는 어느 순간 엄청난 부자가 되었어요. 스턴트맨으로 일하면서 하루 5홍콩달러를 벌던 내가 영화 한편 당 500만 홍콩달러를 받게 된 것이 1980년대입니다. 나중에는 세계적으로 유명해져서 할리우드 영화에도 출연했어요.

나는 부자가 되었습니다. 상상만 하던 거액을 벌었고 또 상상을 초월하는 방식으로 써댔습니다. 한국 돈으로 5억 원이 넘는 현찰을 들고 다닌 적이 있어요. 사람들에게 술을 사주고 선물도 했죠. 1년에 20억 원 넘게 사람들에게 밥을 사주기도 했어요. 술도 매일 마셨고 음주 운전을 하면서도 아무 죄의식이 없었어요. 아침에는 포르셰를 몰다가 사고를 내고 저녁에는 벤츠를 망가뜨린 적도 있어요.

그런데 나는 왜 그랬을까요? 엄청난 돈을 써대면서 으스대고 싶었던 걸까요? 아마도 마음이 비어 있었기 때문일 겁니다. 행복하지가 않았어요. 다른 사람들의 찬사와 감사를 갈망했던 겁니다. 돈을 벌어서 내가 행복했을까요? 아닙니다. 돈을 번 후에도 나는 조금도 행복하지 않았어요. 돈을 아무리 탕진해도 행복은 다가오지 않았어요. 선물을 받는 친구들의 환호가 내게 행복을 줄 거라고 기대했는데 그렇지 않았어요.

나는 부자가 되었지만 가족생활이 행복하지 않았어요. 충실한 남편이 아니라서 아내에게 잘못을 많이 저질렀어요. 아이에게도 나쁜 아빠였어요. 자서전에 고백했듯이 아들 제이씨가 두 살일 때 나는 분노를 참지 못하고 극히 위험한 행동을 했어요. 아이를 집어 던졌던 겁니다. 아이가 소파에 떨어졌으니 천만다행이지 그렇지 않았다면 그 결과는 상상하기도 싫어요.

돈만 많이 번다고 행복해지지는 않아요. 마음이 충만한 사람이어야 돈을 번 후에 행복해집니다. 또 이미 행복한 사람은 가난의 불행이 닥쳐도 큰 상처를 받지 않을 것 같아요.

나의 어린 시절을 떠올려봅니다. 행복을 배울 여유가 없었던 내 자신이 안쓰럽네요. 집이 가난해서 초등학교에 들어가지 못했어요. 일곱 살이 되어서 중국 드라마 아카데미에 입학하게 되었죠. 거기서 나는 무술을 배웠습니다. 배우가 되는 길이었어요. 그런데 얼마나 고됐는지 모릅니다. 하루 일과가 이랬어요.

"오전 5시에 일어나 아침을 먹는다. 정오까지 쿵푸 훈련을 한다. 점심 식사다. 저녁 5시까지 훈련을 하고 저녁을 먹는다. 밤 11시 취침 시간까지 훈련한다. 이걸 다음날도 다시 반복한다."

하루 종일 무술 수련이었어요. 어린아이가 그 고된 과정을 겪으며 얼마나 힘들었을까요? 웃고 떠들고 행복해야 할 꼬마에게 너무 가혹했습니다. 그런데 고된 훈련만이 문제가 아니었어요. 열일곱 살에 드라마 아카데미를 나왔는데 그때 나는 글을 몰랐어요. 무술 실력은 대단했다고 쳐도 책을 읽을 수 없었고 내 생각을 글로 정리하지도 못했던 겁니다.

과거를 돌아보면 나는 행복해지는 법을 배우지 못한 것 같아요. 무술 실력과 연기 능력만 불균형하게 성장하고, 쓰고 읽으며 생각하면서 행복을 찾는 연습을 하지 못했던 것이죠. 행복할 수 있는 방법을 몰랐으니 부자가 된 후에도 여전히 불행한 게 어찌 보면 당연합니다. 돈을 펑펑 쓰면 행복할까요? 탕진으로 행복할 수 있다면 불행한 부자가 세상에 하나도 없겠지요.

돈은 좋은 겁니다. 돈을 많이 버세요. 그리고 행복해지는 연습도 함께 해두세요. 지금 행복한 사람이 나중에 부자가 되어서도 행복할 수 있을 겁니다.

Chapter 5

행복할 수 있을까?

빈센트 반 고흐 님

사람들이
지긋지긋해요

Vincent van Gogh, 네덜란드의 화가

인간이라고 모두 사회적 동물은 아닌가 봐요. 나는 사람이 싫어요. 어울리는 게 힘들고 교감도 피곤합니다. 내 인생에 끼어드는 사람들이 짜증납니다. 어떻게 해야 할까요?

사람이 견딜 수 없다면 함께 있지 말아야죠. 싫은 사람과의 대면 시간을 최소로 줄여야 할 겁니다. 사람들이 죄다 싫으면 사람 없는 곳에 가서 사세요. 고독한 삶도 괜찮은 삶일 겁니다. 그런데 내 이야기도 들어보세요. 사람이 행복도 줍니다. 예민하기 짝이 없는 나도 사람이 주는 행복을 경험했어요.

나를 오해 마세요. 폴 고갱을 비롯한 친구들 앞에서 자주 폭발하고 귀를 스스로 자르고 정신 병원에 입원했으며 결국 권총 자살을 했다고 해서 내가 완전히 반사회적 현실 부적응자는 아니었습니다. 사람을 혐오하지도 않았고요. 내가 예민해서 상처를 잘 받은 건 사실이지만 나도 따뜻한 관계로 지낸 사람들이 있었어요. 동생 테오를 비롯한 가족이 그랬고, 나의 스승이었던 안톤 모브도 잊을 수 없어요. 그리고 짧았지만 가장 완전한 행복을 줬던 시엔 후르닉Sien Hoornik과 그녀의 아이들을 빼놓을 수 없습니다.

1882년 초반이었던 것 같아요. 나는 네덜란드 헤이그의 추운 길거리에서 한 여자를 만났습니다. 나보다 세 살이 많은 그녀는 임신 중이었어요. 다섯 살 딸 마리아도 함께였어요. 그녀는 뱃속 아기의 아버지에게서 버림을 받았습니다. 생계 수단은 매춘이 전부여서 추운 거리를 돌아다니며 매춘을 하고 먹을 것을 구해야 했어요.

나는 매춘부 여성과 어린 딸을 나의 작고 누추한 집으로 데려왔습니다. 그녀에게 적은 돈과 먹을 것 등을 줄 테니 그림의 모델이 되어달라고 부탁했는데 그녀가 받아들이더군요. 화가가 원하는 자세로 가만히 앉아 있는 게 생각보다 힘든 일인데 그녀는 잘해냈어요. 그 해 4월에 그렸던 〈슬픔〉 등 여러 작품이 아직 남아 있어요. 우리 둘은 모델과 화가로 만났지만 얼마 지나지 않아 결혼하고 싶은 마음이 생기더군요. 5월에 동생 테오에게 편지를 썼습니다.

"그 여자는 이제 길들여진 비둘기처럼 나에게 애착을 느낀다. 한 번만 결혼한다면 내게 그녀와 결혼하는 것보다 더 나은 게 있을까? 결혼이 그녀를 돕는 유일한 길이야. 아니면 생활고가 끝이 낭떠러지인 길로 그녀를 밀어 넣을 거야."

나는 시엔과 그녀의 딸 그리고 곧 태어날 아이가 다시 거리로 나가길 원치 않았어요. 보호하고 싶었죠. 물론 연민만은 아니었습니다. 나는 시엔에게 사랑을 느꼈습니다. 그래서 결혼을 결심하고 공표했던 것이었죠.

소식을 들은 나의 가족과 친구는 그야말로 큰 충격을 받았습니다. 아이까지 딸린 전직 매춘부와의 결혼을 모두 반대하며 나섰어요. 심지어 가장 가까웠던 동생 테오까지도 반대했었죠.

하지만 가족들의 극렬한 반대가 남녀의 사랑을 끝내는 법은 없습니다. 영국의 작가인 마틴 베일리Martin Bailey는『빈센트 반 고흐의 생활Living with Vincent van Gogh』에서 우리 두 사람이 주변의 반대 때문이 아니라 서로 어울리지 않아 헤어졌다고 말합니다. 나는 예술가가 되려고 정신이 팔린 사람이었고 시엔은 나의 문학이나 그림에 대한 이해가 전혀 없었다고 지적했어요. 외부의 반대 때문이 아니라 서로 공유할 내면세계가 없으니까 이별하게 되었다는 겁니다.

타당한 평가일 겁니다. 가족의 반대도 영향을 미쳤겠죠. 시엔이

다시 술을 마시고 매춘에 나서서 헤어졌다는 소문도 돌더군요. 하지만 중요한 것은 우리 두 사람의 마음이었어요. 보통 연인들처럼 우리도 갈등을 키우다가 헤어지게 되었어요.

그런데 18개월 동안 시엔 가족과 함께하면서 나는 완전한 가정을 이룬 사람의 행복감 같은 것을 느꼈습니다. 우리가 살던 집의 거실에는 테이블, 의자, 난로, 안락의자가 있었어요. 그리고 초록색 커버로 씌운 작은 아기 침대도 있었고요. 나는 특히 아기 침대를 볼 때마다 감동하지 않을 수 없었어요. 침대 안에는 갓 태어난 아기 윌렘이 잠들어 있었어요. 그 옆에 시엔과 내가 서서 아기를 바라보곤 했습니다. 아기를 얻은 부부의 모습이 연상되지 않나요? 나는 윌렘과 자주 놀았습니다. 친자식처럼 사랑스러웠어요. 1883년 5월의 편지에는 그 애틋함에 대해 썼어요.

> "아기는 나와 작업실 구석 바닥에 자주 함께 앉아 있었다. 아기는 그림을 보며 까르르 웃었다. 벽에 붙어 있는 것들을 보느라 작업실에서는 조용했어. 아, 애는 아주 다정해!"

그러나 행복한 시간은 지나고 사랑은 끝났어요. 시엔과 나는 이별을 결심했어요. 내가 헤이그에서 기차를 타고 떠날 때 시엔과 아이들은 역으로 배웅을 나왔어요. 나중에 나는 "당시의 이별이 쉽지 않았다"고 회고했죠. 나는 시엔 가족과 지내면서 완전한 가정을 이룬 듯이 행복했어요. 시엔과 마리아와 윌렘에게 고마워요. 거칠고 외로운 나의 삶에서 그렇게 따뜻한 시간은 많지 않았어요.

참고로 시엔의 삶은 비극으로 끝났습니다. 1904년 쉰네 살에 암스테르담의 운하로 뛰어내려 생을 마감했어요. 나는 그 소식을 들을 수 없었습니다. 이미 세상 사람이 아니었기 때문이죠. 알다시피 나는 14년 전인 1890년에 서른일곱의 나이로 세상을 떠났습니다. 행복하게 삶을 마감했다면 좋았을 텐데 나나 시엔 모두 그러지 못했습니다. 그래도 내가 화가여서 다행입니다. 시엔과 어린 아이들의 모습은 내 그림에 담겨 아직도 미술관에 전시되어 있어요.

사람이 견딜 수 없이 싫다면 어쩔 수 없어요. 사람들을 피해야 합니다. 하지만 내 이야기도 기억해주세요. 나는 불가능할 것 같은 행복을 사람 덕분에 느꼈습니다. 모두 천대하던 매춘부와 그녀의 아이들이 고뇌하는 화가를 보듬어주었습니다. 누구에게나 그런 기적 같은 일이 일어날 수 있다고 봅니다. 나와 행복을 나눌 사람이 세상 어딘가에 숨어 있을지 모릅니다. 사람에 대한 마지막 희망은 버리지 말고 꽉 거머쥐어야 내가 외로운 괴물이 되지 않습니다.

레
프
톨
스
토
이
님

가출하고
싶어요

Lev Nikolayevich Tolstoy, 러시아의 소설가 · 사상가

가족들이 너무 미워요. 집과 가족이 지옥처럼 느껴집니다. 당장 가출하고 싶고, 다 때려치우면 좋겠어요.

나에게 딱 맞는 고민 상담입니다. 나는 여든두 살에 아내를 버리고 가출해 10일 만에 죽은 사람입니다. 내 가출은 세상을 발칵 뒤집어놓은 세계사적 가출이었죠. 목적은 고독하게 살면서 인생의 의미와 진리를 깨닫는 것이었는데 아무튼 나는 가출 후 곧 죽었어요. 가출을 하려면 준비를 단단히 하시라고 꼭 당부하고 싶어요. 그리고 혹시 집 밖에 행복이 있을 거라고 생각한다면 착각이라는 점을 강조하겠습니다.

나는 무소유 사상의 아이콘이지만 사실 엄청난 금수저 부자였어요. 모스크바 남쪽 190킬로미터 거리에 야스나야 폴랴나라는 마을이 있어요. 나의 증조부가 샀고 자손대대로 상속된 이곳의 넓이는 4,000에이커입니다. 한국 사람들이 익숙한 단위로는 490만 평이죠. 1910년 10월 28일 오전 5시였어요. 여든두 살인 나는 막내딸과 의사를 데리고 집을 나왔죠. 아내 소피아에게는 이런 편지를 남겼습니다.

> "나는 내 또래 늙은 사람들이 많이 하는 걸 하려고 하오. 세속의 삶을 떠나서 인생의 마지막 날들을 고독과 고요 속에서 보내려는 거요."

그런데 사람은 한치 앞을 못 봅니다. 남은 인생이 열흘밖에 되지 않는다는 걸 난 꿈에도 몰랐어요. 연기가 가득하고 난방도 되지 않는 기차를 타고 며칠 동안 이동한 게 원인이었던지 나는 폐렴에 걸렸어요. 심하게 앓는 나를 어느 마을 역장이 자기 집으로 데려갔어요. 그리고 나는 11월 7일에 죽었습니다. 제자들이 곁에서 크게 슬퍼했어요. 아내는 내가 죽기 직전에 도착했지만 제자들이 접근을 막았다고 하더군요.

나는 세계적인 문학가였고 정신적 지도자이기도 했죠. 평화를 외쳤어요. 폭력을 상징하는 육식을 거부했죠. 러시아 종교와 정치 체제를 두려움 없이 비판했어요. 또 모든 재산을 가난한 사람들에게 나눠주려고 했습니다. 나의 땅은 물론이고 문학 작품의 저작권까지 말이죠. 그런데 아내가 걸림돌이었습니다. 아내는 무엇보다 재산 기부를 결사반대했어요. 그리고 나의 제자들을 아주 싫어했어요. 아내는 나와 수도 없이 싸웠고 죽겠다면서 연못에 뛰어드는 일이 다반사였어요. 나는 이 세상 모든 사람들에게 서로 사랑하라고 호소했지만 정작 아내는 사랑하기 어려웠어요. 또 세계의 평화를 외쳤지만 아내와의 평화는 이루었다고 자신할 수 없어요.

내 동료나 제자들도 소피아를 나쁘게 봤습니다. 횡포가 심하고 돈을 밝히며 히스테리가 심하다고 악평했어요. 소피아는 역사상 최악의 아내 중 하나로 여겨집니다. 그런데 내가 죽은 후 한참 지난 2009년 아내의 일기가 책으로 출판되었더군요. 내가 전혀 상상 못 했던 내용이 실려 있었어요.

> "그가 인류의 행복을 위해 설교했던 모든 것들은 살기 힘들 지경으로 내 삶을 복잡하게 만들 뿐이다……그의 채식 습성 때문에 두 가지 저녁을 준비해야 해서 복잡하다. 두 배의 비용이 들고 두 배의 일을 해야 한다. 그는 사랑과 선함에 대해 설교하지만 자기 가족에게는 무관심하다."

나의 채식이 아내에게는 부담을 주었던 모양입니다. 내게 가족을 사랑하는 마음은 없다고 생각하며 원망했던 것 같아요. 마음 아픈 일입니다. 1899년에는 내가 심하게 기침을 하다가 말도 없이 산책을 나갔는데 눈보라가 몰아치고 나무와 창틀이 흔들리도록 바람이 불었다고 하네요. 소피아는 심장이 졸아들도록 걱정하면서 밖에서 나를 기다렸는데 돌아온 나는 이렇게 말했답니다.

> "내가 나가서 뭐가 어떤데요? 나는 어린아이가 아니에요. 당신에게
> 말할 필요가 없다고요."

그 야박한 말을 들은 소피아는 이렇게 일기를 썼습니다.

> "그에게 화가 났다. 나는 그를 사랑하고 보살피는 데 헌신했는데, 그
> 는 이토록 냉담하다."

소피아와 나는 뜨거운 사랑에 빠져 1862년에 결혼했어요. 소피아는 열네 명의 아이를 낳고 길렀어요. 또 나의 원고를 필사하고 정리하기도 했죠. 내 문학의 가장 중요한 조력자였던 것입니다. 소피아는 고마운 아내일 뿐 아니라 헌신적이고 책임감 강한 엄마였어요. 나의 재산 기부를 극구 말렸던 것도 대가족을 부양하기 위해서였다

고 하더군요.

소피아는 위선적인 남편 때문에 비극을 겪은 희생자일까요, 아니면 세속적인 정신으로 남편을 파탄낸 가해자일까요? 공정하게 평가하기는 애당초 불가능할 겁니다. 우리 두 사람 모두 저마다 입장과 생각이 있을 테니까요.

그런데 가출에 대해서는 분명하게 말할 수 있어요. 가출은 준비를 많이 해야 합니다. 시위하려고 어설프게 가출하면 실패해요. 나는 고요한 세상을 찾아 서둘러 집을 나섰다가 떠들썩한 소동 속에서 죽고 말았습니다.

준비가 충분해도 한 번 더 고민하세요. 무엇보다 낯선 곳에 대한 환상을 버리세요. '어디까지 가봤니?'라고 누가 속삭여도 의심하세요. 환상에 빠지지 마세요. 집밖이라고 다 아름다울 수는 없습니다. 물론 떠나지 말라는 뜻은 아닙니다. 평온하게 떠나라는 것입니다. 바깥 세상 어딘가가 천국일 거라고 막연히 기대하지 말고 담담히 밝게 떠나세요. 화내거나 비난하지도 말고요. 그래야 돌아올 수 있거든요.

알베르트 아인슈타인 님

Albert Einstein,
독일 출신 물리학자

나도
행복할 수
있을까요?

모든 일에 최선을 다하면서 열심히 살지만 불행감이 커요. 행복을 느껴보고 싶습니다. 즐겁고 기쁜 삶을 살고 싶어요. 어떻게 하면 될까요?

행복의 비밀은 우주의 비밀보다 어려운 것 같아요. 그래도 행복은 내가 많이 생각했던 주제니까 답할 수 있겠어요. 미리 결론을 밝힐게요. 만능이 되려 말고 소수의 것에만 집중해야 행복할 수 있어요.

사람들이 나더러 천재라고 하죠. 그런데 사실은 바보 같을 때가 많았어요. 보통 사람은 저지르지 않는 우습고도 창피한 실수를 자주 했어요. 프린스턴 고등연구소에서 일하던 때였어요. 신분을 감추고 연구소에 전화를 걸어서 어느 교수를 바꿔달라고 했어요. 비서는 교수가 자리에 없다고 답하더군요. 이번에는 아인슈타인 박사의 집주소를 알려달라고 했어요. 비서는 당연히 거절했습니다. 개인 정보를 아무에게나 알려줄 수 없었겠죠. 할 수 없이 나는 목소리를 낮추고 말했어요.

"다른 사람에게는 말하지 마세요. 내가 아인슈타인 박사입니다. 집에 가고 있는데 집이 어딘지 잊어버렸어요."

전기 작가 월터 아이작슨이 나에 대해 쓴 『아인슈타인』에 소개되었던 일화예요. 이런 비밀이 공개되어서 난처하네요. 그래도 어쩔 수 없죠. 없었던 일도 아니니까요. 아이작슨은 같은 책에서 나의 또 다른 실수도 기록했더군요. 어느 날 나를 위한 만찬이 열렸다고 합니다. 그런데 주인공인 나는 남의 잔치에 온 것처럼 딴 생각에 빠졌고 곧 노트를 꺼내 방정식을 쓰기 시작했다고 해요. 만찬이 시작되자 사람들이 일어나 박수를 쳤지만 나는 소리를 듣지 못했습니다. 누가 쿡쿡 찌르자 나는 벌떡 일어나 사람들을 따라서 열심히 손뼉을 쳤다고 합니다. 나를 향한 박수라는 걸 몰랐던 겁니다. 참석자들이 다른 누군가를 위해 박수 친다고 생각하고 나도 동참하는 척했던 것입니다. 바보 캐릭터가 나오는 코미디 같은 상황입니다.

나는 모든 방면에 천재는 아닙니다. 어떤 면에서는 아주 바보 같을 정도예요. 어린아이나 치매 환자가 아니고서는 어떻게 자기 집을 잊어버리겠어요? 수백 명의 사람이 자신에게 박수를 치는데 그걸 알아차리지 못하기도 어려운 일이죠. 종종 나는 신기할 정도로 어수룩한 사람이었습니다.

그런데 그런 바보 같은 모습이 내 천재성의 비밀입니다. 인간의 정신적 능력에는 한계가 있습니다. 모든 분야를 잘하려고 하면 모든 분야에서 평범해집니다. 100층 높이를 쌓을 자재가 있는데 한곳에 쌓아야 100층을 쌓을 수 있습니다. 100군데 집을 지으면 모두 1층밖에 안 되는 거죠. 나는 정신적 에너지를 물리학에 집중해서 높은 성과를 낼 수 있었습니다. 대신 집 주소를 잊고 어수룩한 행동을 하는 등 다른 분야에서는 아주 서툴렀죠.

천재가 되려면 특정 분야에만 집중해야 합니다. 아마 행복도 마찬가지일 거예요. 어떤 것은 포기하고 어떤 것은 선택해 집중해야 행복할 수 있습니다. 말하자면 '포기와 집중'의 전략이 필요한 것이죠. '선택과 집중'이라는 개념이 있다는 걸 알지만 '포기와 집중'이 여기서는 나은 듯해요.

그렇다면 나는 행복을 위해 무엇을 포기하고 무엇에 집중했을까요? 먼저 미래를 포기하고 현재에 집중했습니다. 내가 어렸을 때 남긴 글귀를 보세요.

> "행복한 사람은 현재에 크게 만족해서 미래를 지나치게 고민할 수 없다."•

내가 겨우 열일곱 살 때 프랑스어 시험을 보면서 썼던 문장입니다. 미래는 잊고 현재에 집중해야 행복하다는 평범한 소리입니다. 그런데 놀라운 일이 있습니다. 47년이 지난 1943년에도 비슷한 말을 했어요. 윌리엄 헤르만스William Hermanns와의 인터뷰에서요.

> "나는 행복하기 위해 영원의 약속은 필요 없어요. 나의 영원은 지금입니다. 나는 관심은 하나뿐이에요. 내가 있는 이곳의 목표를 달성하는 것입니다."••

나는 영원이나 미래에 대한 관심이 없다는 말입니다. 지금 여기에 충실하면 되는 겁니다. 나는 10대 때나 60대 때나 같은 생각을 하고 있었어요. 미래를 포기하고 현재에 집중해야 행복하다고 믿었습니다. 나는 미래뿐 아니라 다른 많은 것도 포기했어요. 칭찬이나 명성 그리고 돈도 다 포기해버렸어요. 그랬더니 행복해지더군요. 나는 그 심정을 밝혔는데 꽤 유명한 말이 되었어요.

> "나는 행복합니다. 누구에게도 원하는 게 없기 때문입니다. 나는 돈을 좋아하지 않아요. 장식과 직함과 특출남도 나에게는 아무것도 아닙니다. 나는 칭찬을 갈망하지 않아요. 나의 일과 바이올린과 작은 배를 빼고 나에게 기쁨을 주는 유일한 것은 동료들의 인정입니다."

행복하고 싶나요? 너무 많은 것을 원하지 마세요. 돈, 명예, 인정, 인기 등 좋은 것을 죄다 원하면 행복해질 수 없습니다. 불행하다고 울먹이는 사람 중 상당수는 모든 걸 원하는 문어발 탐욕에 사로잡혀 있어요. 사람은 팔이 두 개니까 한두 가지만 쥐고 나머지는 잊어야 합니다. 그리고 앞서 말했듯이 미래에 집착하면 오늘이 불행해집니다. 오늘 속에 행복이 있습니다. 미래는 없습니다. 정작 내일이 오면 미래는 사라지고 오늘만 남을 테니까요.

• Un homme heureux est trop content du présent pour trop se soucier de l'avenir.
•• I do not need any promise of eternity to be happy. My eternity is now. I have only one interest: to fulfill my purpose here where I am.

J . K .
롤
링
님

돈보다
사랑이
중요할까요?

J. K. Rowling, 영국의 소설가

내가 가장 좋아하는 책이 '해리 포터' 시리즈입니다. 당신은 책에서 사랑을 강조하는 말을 많이 하셨죠? 돈만 있으면 못할 게 없다고 믿는 자본주의 시대에도 돈보다는 사랑이 훨씬 소중하다고 생각하시나요? 아니면 그냥 듣기 좋은 소리를 쓰신 건가요?

물론 돈보다 사랑이 훨씬 중요하죠. 상투적인 소리 같지만 진실이라고 나는 믿어요. 유산 문제를 가정해볼까요? 돈은 없지만 무한히 사랑해주는 부모가 있고, 큰 재산을 물려줬으나 사랑 없는 부모가 있습니다. 어느 쪽이 자녀에게 더 좋은 존재일까요?

나라면 사랑 없이 돈만 물려주는 부모님보다는 돈이 없어도 사랑이 충만한 부모님을 바랄 거예요. 그게 분명 내게 더 좋고 중요한 거니까요.

> "너의 어머니는 너를 구하기 위해 돌아가셨어……너에 대한 어머니의 사랑처럼 강력한 사랑은 고유한 자국을 남겨. 비록 사랑한 사람이 떠났다고 해도 깊이 사랑받은 경험이 우리를 영원히 보호해줄 거야."•

부모의 깊은 사랑을 받은 아이는 평생 역경을 잘 이겨낼 수 있어요. 부모의 사랑이 자녀를 보호하는 겁니다. 거액의 유산은 자녀를 망칠 수도 있지만 깊은 사랑의 체험은 자녀를 지켜줄 것입니다. 그래서 돈보다는 사랑이 더 중요하죠. 사랑은 또 사람을 강하게 만듭니다.

> "너는 약한 사람이야. 너는 사랑이나 우정을 절대 알지 못할 거야. 네가 안됐어."

사랑을 받아봐야 강한 사람이 됩니다. 우정도 역시 마음을 튼튼하게 만들죠. 사랑과 우정을 모르는 사람은 아무리 강한 척해도 속은 두부처럼 약한 사람입니다. 그래서 나는 사랑을 모르는 사람이 불쌍하다고 생각해요.

> "해리, 죽은 사람을 동정하지 마. 살아 있는 사람, 무엇보다 사랑 없이 사는 사람들을 동정해."••

사랑 없이 사는 건 죽는 것보다 더 큰 불행입니다. 그러니 죽은 사람은 놔두고 사랑 없이 사는 사람을 동정하는 게 맞습니다. 그리고 받은 사랑이 없으면 약해빠진 인간이 됩니다. 작은 공격에도 무너져 내려서 울부짖고 좌절하는 유리 멘탈의 기원은 사랑 없는 가정입니다. 사랑과 달리 돈은 마음을 강하게 만들지 못합니다. 허세를 부리는 인간이 너욱 취약하다는 건 다들 아시죠? 사랑이 돈보다 강합니다. 돈은 아무것도 아닙니다.

• To have been loved so deeply, even though the person who loved us is gone, will give us some protection forever.
•• Do not pity the dead, Harry. Pity the living, and, above all those who live without love.

테일러 스위프트 님

나를
바꾸고
싶어요

Taylor Swift, 미국의 뮤지션

나는 내가 싫어요. 성급하고 인내심이 부족해요. 이런 나를 뜯어 고쳤으면 좋겠는데 쉽지 않네요. 팬에게 늘 용기를 주는 당신께 조언을 구합니다. 나 자신을 고치는 방법을 알려주세요.

미안해요. 조언을 드릴 수가 없어요. 대신 반대의 조언은 얼마든지 가능합니다. 자신을 바꾸지 마세요. 전혀 그럴 필요가 없어요.

세상 사람들은 거의 모두 자신에게 문제가 있다고 생각합니다. 또 행복해지려면 나를 가차 없이 뜯어고쳐야만 한다고 믿죠. 그런데 내가 이상한 점을 발견했어요. 자기 장점을 단점이라고 생각하는 사람이 많아요. 그래서 나는 이렇게 말했죠.

"모든 사람은 자기의 어떤 것을 바꾸고 싶은지 100가지 목록을 말할 수 있어요. 그런데 그게 전부 장점들이에요."

성급하다거나 인내심이 부족하다고요? 뒤집어보면 일을 빨리 처리한다는 뜻도 되잖아요. 장점이에요. 소심한 성격도 그래요. 마하트마 간디께서 말씀하셨듯이 소심한 성격은 신중하다는 뜻도 돼요. 무리하면서까지 굳이 고칠 필요가 없는 거예요. 또 반대로 다혈질인 사람이 있다고 쳐봐요. 열정적이라는 의미가 되잖아요. 자신을 억지로 힘들게 뜯어고칠 필요가 없어요. 당신이 고치고 싶어 하는 단점들은 사실 장점인 경우가 많아요.

세상 사람들은 자신의 과거도 고치고 싶어 해요. 과거에 한 행동과 말을 후회하면서, 과거로 가서 자신의 문제점을 죄다 확 뜯어 고치고 싶어 하는 겁니다. 나라면 그러지 않겠어요.

"내가 과거로 돌아갈 수 있어도 아무것도 고치지 않겠어요."•

내가 했던 말이에요. 타임머신이 있다고 해도 내가 내 과거를 고칠 일은 없을 거예요. 난 지금의 내가 마음에 들어요. 문제가 없는 것은 아니지만 그래도 괜찮아요. 지금의 나를 긍정해보세요. 과거의 내가 잘못했다는 터무니없는 죄의식에서 벗어날 수 있을 테니까요.

서양은 물론이고 동양 사람도 같아요. 모두들 자신에게 문제가 있다고 확신하고 교정하려고 합니다. 노력을 많이 해요. 그런데 결국에는 자신을 못 고칩니다. 자기 갱신에 성공했다는 사람은 강사나 작가뿐이에요. 대부분은 실패하죠. 이상한 일 아닌가요? 거의 모두 시도하고 거의 모두 실패합니다. 그런 건 아예 시작을 안 하는 게 낫지 않을까요? 자신을 바꾸려고 하지 마세요. 무작정 지금 행복하세요. 자신에게 만족해도 어떤 나쁜 일도 일어나지 않으니 안심하세요. 나를 믿어보세요.

• If I could go back I wouldn't change anything.

볼프강 아마데우스 모차르트 님

천재로
태어나면
행복한가요?

Wolfgang Amadeus Mozart, 오스트리아의 작곡가

평범한 사람이어서 고달파요. 천재로 태어났다면 얼마나 좋았을까요? 그러면 매일 아침 7시에 일어나 하루 종일 고생하지 않아도 되었겠죠. 또 여유와 자유도 누릴 수 있을 것 같고요. 천재적인 예술가였던 당신이 부러워요.

사람들은 내가 한없이 밝고 행복했던 천재라고 생각합니다. 영화 〈아마데우스〉 때문에 그런 이미지가 굳힌 것 같더군요. 나는 천재가 맞지만 여전히 사람입니다. 보통 사람들이 겪는 지루한 일상, 불안, 돈 걱정에서 나도 벗어날 수 없었어요. 게다가 강렬한 열등감도 있었죠. 나의 외모는 전혀 훌륭하지 않았거든요.

세상은 나를 최고의 음악 천재라고 평가합니다. 아마 맞을 겁니다. 다섯 살에 작곡을 했고 유럽 왕족들 앞에서 연주도 했으니까요. 작곡가 요제프 하이든은 "후손들은 100년 동안 모차르트와 같은 재능을 볼 수 없을 거"라고 했어요. 내가 100년에 한 번 태어날 천재라는 극찬이죠. 나는 대중성도 굉장히 높아요. 마룬 파이브나 로버트 다우니 주니어는 몰라도 모차르트를 모르는 사람은 거의 없을 테니까요.

그런데 천재라고 해서 보통 사람과 완전 다른 게 아닙니다. 비슷해요. 먼저 지루한 일상이 반복되죠. 1782년 내가 누이에게 보낸 편지를 보면 아실 거예요. 스물다섯 살 꽃다운 나이의 내 생활이 요약되어 있어요. 난 오전 6시에 일어나 새벽 1시까지 일했어요.

> "오전 6시에 기상. 머리를 하고 화장실 갔다 오면 7시. 9시까지 곡을 쓴다. 9시부터 1시까지 음악 수업. 약속이 없으면 2시나 3시에 식사. 저녁 5시나 6시가 되어야 내 일을 시작할 수 있다. 그런데 콘서트를 가야 해서 자주 방해를 받는다. 아니면 9시까지 곡을 쓴다. 음악회를 가거나 여기 저기 불려가야 해서 저녁에 일할 시간이 확실히 보장되지 않는다. 자주 1시까지 일하고 다시 6시에 일어난다."

나는 예술가이고 천재지만 자유롭지 않았어요. 한국의 고등학생이나 직장인처럼 지루한 일상을 반복했어요. 할 일이 매일 넘쳤어요. 그래서 하루에 5시간만 자면서 일을 해야 했죠. "잠은 죽음의 작은 조각이다. 나는 잠을 경멸한다"고 말한 게 기억나네요. 잠을 좋아하지 않아서 천만 다행이에요. 어차피 잘 시간이 부족했으니까요.

어떤 연구자는 내가 작곡에 집중한 시간을 분석하기도 했어요. 내가 죽기 전 11년 동안 295곡을 작곡했는데 계산해보니 매일 8시간 동안 작곡에 몰두했다는 결론이라더군요. 교습이나 사교 모임 등 잡무를 빼고 8시간 동안 일에 초집중했어요. 21세기 직장인에 비해 여유롭다고 할 수 없을 겁니다.

또 내가 경제적으로 항상 풍족했다고 오해하지 마세요. 경제적 고통이 작지 않았어요. 호주의 한 의사가 그걸 알아주더군요. 소화기과 의사인 피터 J. 데이비스Peter J. Davies가 『영국왕립의학협회 저널Journal of the Royal Society of Medicine』에 1983년 발표한 논문을 보면 나의 생활고가 컸다는 걸 알 수 있어요.

나는 콘스탄체와 1782년에 결혼했어요. 아이를 여섯 명 낳았는데 두 명만 살았어요. 아내는 자주 아파서 나는 치료비를 빌려야 했어요. 안정적이고 충분한 수입이 없었기 때문입니다. 결혼 생활 9년 반 동안 열일곱 번 이사를 했어요. 나중에 궁정 실내악단원으로 임명되지만 연봉 800플로린은 충분치 않은 돈이었어요. 빚이 늘어났죠. 보통 사람들처럼 나도 경제적 고통에 시달렸던 겁니다. 천재임에도 말이죠.

나는 음악 천재였기 때문에 보통 어린이는 겪지 않는 불안정을 겪었습니다. 어릴 때부터 떠돌이 생활을 했어요. 여섯 살 때부터 아버지를 따라서 유럽을 유랑하기 시작했죠. 빈, 런던, 파리, 프라하, 뮌헨, 밀라노 등을 그 어린 나이에 돌아다녔죠. 당연히 고속 열차나 비행기는 없었어요. 난방이 되지 않는 마차를 타고 긴 시간 이동해야 했습니다. 아늑하고 편안한 숙소도 기대할 수 없었죠. 아버지도 나도 병이 났어요. 나를 보살피기 위해 단 둘이 파리를 방문했던 어머니는 병이 나서 돌아가셨어요. 아버지는 내가 어머니를 죽게 만들었다고 비난해서 내 마음을 찢어놓았어요.

무엇보다 나를 괴롭힌 것은 건강 문제였어요. 내가 죽은 것도 갑작스러운 병 때문이었습니다. 〈티토 황제의 자비〉와 〈마술피리〉가 발표된 1791년 12월 빈에서 죽었는데, 9월부터 건강이 급격히 악화되었어요. 몸이 퉁퉁 부어올랐고 구토까지 하며 극심한 통증을 느꼈습니다. 겨우 서른다섯에 난 죽었습니다. 내가 죽은 후에 의사들이 많은 의견을 냈지만 모두가 동의할 정확한 사인은 아직 안 나왔어요.

내가 죽기 직전만 병약했던 건 아닙니다. 어릴 때부터 온갖 병에 시달렸어요. 빈으로 첫 여행을 갔을 때 나는 성홍열을 앓았고 죽을 때까지 나를 괴롭힌 치과 질환도 시작되었죠. 어린 나이에 관절 류머티즘으로 고생했고, 아홉 살 때는 장티푸스에 걸렸다가 겨우 살았고, 2년 후에는 천연두를 앓았어요. 그 천연두 때문에 얼굴에 흉이 남았습니다. 20대 말에는 극심한 통증과 구토가 따르는 신장산통을 처음 겪었고 죽기 몇 년 전에는 심한 두통, 집중력 저하, 우울증 등에 시달렸습니다.

이 같은 다채로운 병력을 밝혀낸 사람은 독일 의사 마르틴 하트징어Martin Hatzinger예요. 2013년 그는 동료 의사들과 함께 의학저널 『AMHA』에 「볼프강 아마데우스 모차르트: 어느 천재의 죽음Wolfgang Amadeus Mozart: The Death of a Genius」이라는 논문을 발표했는데, 그걸 보면 내가 지극히 병약했다는 사실을 알 수 있습니다.

마뜩찮지만 이제 나의 외모에 대해서 이야기해볼게요. 내 얼굴에는 천연두 흉터가 남아 있었습니다. 얽은 얼굴이 어린 나에게는 모진 형벌 같은 것이었겠죠. 부끄럽고 싫었을 겁니다. 또 나의 코는 아주 컸고 왼쪽 귀는 변형되었어요. 키도 작았고요. 나의 외모가 전혀 매력적이지 않다고 증언한 사람들이 아주 많아요. 예를 들어서 영국의 테너인 마이클 켈리Michael Kelly는 내가 "눈에 띄게 작은 사람이고 아주 마르고 창백했다"고 평가했더군요.

나에게는 마음의 병도 있었다고 할 수 있어요. 영화 〈아마데우스〉 때문에 깔깔거리며 미친 듯이 웃는 내 모습을 상상하는 사람이 많겠지만, 사실 내 마음엔 어둠이 짙게 드리워져 있었어요. 1787년 중병을 앓는다고 알려온 아버지에게 보낸 편지에는 이렇게 쓴 적도 있어요.

"나는 아직 젊지만 다음날을 못 볼 수 있다고 생각하면서 눕지 않은 밤이 단 하루도 없어요."

내일 죽을 것 같은 불안감을 느끼면서 매일 잠에 들었던 겁니다. 서른한 살의 나는 참 슬프고 불쌍한 사람이었습니다.

물론 내 삶이 온통 비극이었던 것은 아니에요. 천재적인 음악성에 대한 뜨거운 자부심이 왜 없었겠어요? 왕족과 귀족의 찬사를 받으며 살던 인생이 싫기만 했겠어요? 아내와 아이와 친구도 나를 무한히 행복하게 했습니다.

그런데 천재라고 해서 편안하고 특별한 삶을 살았던 것은 아닙니다. 돈 걱정에 시달렸고 하루 종일 일을 했으며 불안과 공포도 겪으며 지냈어요. 외모에 대한 열등감이 없었다 할 수 없는데다 무엇보다 일찍 죽었죠.

천재나 평범한 사람이나 다들 행불행을 겪으며 살게 되는 겁니다. 나를 너무 부러워하지는 마세요. 서른다섯에 세상을 떠나고 싶지는 않을 거예요. 보통 사람의 삶을 행복하게 살면 될 것 같아요.

끝으로 부탁드릴 게 있어요. 날 따뜻하게 기억해주세요. 위에 소개한 독일 의사 마르틴 하트징어가 논문에 이렇게 썼어요. 내 마음을 울리더군요.

"(많은 질병에 시달리면서) 모차르트가 그렇게 오래 생존하고 비교 불가의 걸작들을 창조할 수 있었던 것은 거의 기적이다. 다음에 모차르트를 들을 때에는 겉으로는 행복한 이 사람은 실제로는 어린 시절을 빼앗긴 조숙한 소년이었고 그의 짧은 삶은 피로, 괴로움, 걱정 그리고 질병의 끝없는 연속이었다는 사실을 기억해야 할 것이다."

오프라 윈프리 님

큰
불행을
당했어요

Oprah Winfrey, 미국의 방송인

나에게 크고 쓰린 불행이 닥쳤어요. 교통사고를 당해 이제는 걸을 수가 없게 되었습니다. 온몸에 화상도 심하고요. 당장의 통증도 문제지만 미래를 생각하면 암담합니다. 이렇게 다친 몸으로 내가 무엇을 할 수 있을까요? 이 상황을 이겨낼 수도 해결할 수도 없을 것만 같아요.

60년이 넘는 나의 인생을 되돌아봅니다. 열네 살 때 내 존재를 뒤흔든 일이 있었어요. 그 어린 나이에 나는 아이를 낳았습니다. 큰 불행을 당한 겁니다. 내 인생은 끝났다고 생각하고 포기하려고 했어요. 하지만 곧 기회가 찾아오더군요.

어머니는 10대에 나를 낳았어요. 아빠도 없이 싱글맘으로서 힘든 삶을 살았죠. 나도 열네 살일 때 임신을 하고 말았답니다. 죽고 싶었어요. 꼭 죽어야 한다고 생각하고 시도도 했어요. 하지만 뜻을 이루지 못했고 결국 출산을 했답니다. 너무 일찍 태어난 아이는 곧 숨졌습니다. 1968년에 태어나서 1968년에 죽은 그 이름 없던 아이가 나의 유일한 자식입니다. 수십 년이 지난 후에야 나는 '케이난Canaan'이라는 이름을 붙여줬어요.

임신, 자살 시도, 출산, 그리고 아이의 죽음 등 열네 살 소녀가 감당할 수 없는 불행이 빠르게 휩쓸고 지나갔어요. 나에게 무슨 희망이 있었겠어요?

내가 이른바 성공을 하고 부자가 되고 유명해질 거라고 당시에 상상하는 것이 가능이나 했겠어요? 그런데 열네 살에 임신했던 그 아이의 인생은 완전히 달라집니다. 아무것도 가진 것이 없고 가장 큰 불행에 빠졌던 나는 자라서 한국 돈으로 2조 원이 훨씬 넘는 돈을 벌게 되었습니다. 세상 사람으로부터 존경과 사랑을 받고 자선 활동도 많이 하게 되었어요. 열네 살 당시로서는 상상조차 할 수 없는 일이 벌어진 것이죠.

어떻게 그렇게 되었을까요? 솔직히 나도 모르겠어요. 다만 언제나 나를 괴롭힐 것만 같은 불행이 어느 순간 물러가는 것이 보였어요. 그게 시작이었어요.

열네 살 때 나는 학교로 돌아갔어요. 학생회의 대표가 되더군요. 법정 연설의 최우수자가 되었고요. 백악관에서 젊음을 주제로 한 회의가 열렸는데, 나는 테네시주를 대표하는 두 명의 학생 중 하나로 선발되었죠.

나는 학교생활을 열심히 한 덕에 테네시 주립대학교의 장학금을 획득했어요. 대학 입학 전에도 좋은 일이 많이 생겼어요. 열일곱 살 때 '미스 블랙 테네시'라는 미인 대회에서 우승했고, 고등학생인데도 지역 라디오 방송에서 뉴스를 읽는 일을 할 수 있었죠. 그리고 열아홉 살에는 내슈빌의 WLAC-TV의 최초 흑인 여성 앵커가 되었답니다.

그렇게 방송을 하게 되었고 나는 부와 명예를 얻게 되었답니다. 열네 살 때 자살에 성공했다면 어땠을까요? 그때의 불행 때문에 내 인생의 모든 기회를 포기했다면 큰 비극이었을 겁니다.

큰 부자가 되라는 것은 아닙니다. 유명한 사람이 되어야 한다는 이야기도 아니죠. 다만 이 말은 기억해주세요. 감당할 수 없는 불행이라고 생각되어도, 시간을 갖고 기다리면 그 불행이 물러나고 새로운 기회가 올 수 있습니다. 누구에게나 그럴 겁니다. 불행에게 지지마세요. 불행도 바쁘고 할 일이 많아요. 나에게만 독점적으로 붙어있지 않을 거예요. 끝으로 두 가지 조언을 드릴게요. 내가 한 말이지만 나 자신도 무척 좋아하는 말입니다.

"상처를 지혜로 바꾸세요."•

"당신이 가진 것에 감사하세요. 그러면 더 많이 갖게 될 거예요. 당신이 갖지 못한 것에 집중하면 결코 충분히 가질 수 없어요."••

• Turn your wounds into wisdom.
•• Be thankful for what you have; you'll end up having more. If you concentrate on what you don't have, you will never, ever have enough.

Chapter 6

용기를 낼 수 있을까?

에이브러햄 링컨님

더
살고 싶지
않아요

Abraham Lincoln,
미국의 제16대 대통령

아무런 희망이 없어요. 사랑하는 사람들도 다 등을 돌리거나 떠나갔어요. 더 이상 살아야 할 이유도 없고 에너지도 남김없이 소진되었어요. 당신은 이런 마음을 아실까요?

직설적으로 말해서 죽고 싶다는 뜻이군요. 그 마음을 나도 아주 잘 압니다. 나는 평생 삶을 포기하고 싶은 충동에 시달렸어요. 후대의 정신과 의사들은 내가 우울증 등 심각한 정신 질환을 앓은 것으로 추정하더군요. 내 이야기를 들여드릴게요.

나를 가장 위대한 미국 대통령이라며 칭찬하는 분들이 많더군요. 나를 롤모델로 삼는 정치인들도 봤습니다. 영광입니다. 그런데 나의 개인적 삶은 비극으로 가득했어요.

가난과 죽음과 이별이 나를 슬프게 했어요. 나는 1809년 방 한 칸 오두막에서 태어났어요. 읽고 쓰기를 참 좋아했지만 가난해서 정규 교육을 받지 못했습니다. 가난 속에서도 나를 따뜻하게 보살폈던 어머니가 내가 아홉 살 때 갑자기 돌아가셨습니다. 어린 마음에 생긴 상실감은 무엇으로도 메울 수 없었습니다. 9년 후에 또 다른 이별이 찾아왔어요. 새라 누나가 아이를 낳다가 숨졌어요.

1833년 스물네 살이던 나는 앤 루트리지라는 여성을 만나 사랑에 빠지고 결혼도 약속했어요. 나는 파란 눈과 하얀 피부의 그 여인과 평생을 함께할 거라고 믿었어요. 그런데 어느 날 앤이 고열로 사망하고 맙니다. 나는 어머니와 누나에 이어서 약혼녀와도 이별을 해야 했습니다. 그래도 나는 결국 결혼은 했죠. 1842년 처가의 반대를 무릅쓰고 메리 토드와 결혼해서 아들 넷을 낳았는데 둘이 내가 살아 있는 동안 숨졌습니다. 그리고 나는 1861년 미국 16대 대통령에 당선되었고 재선에까지 성공했는데 1865년 암살되고 말았어요. 돌아보니 비극적 사건이 많았던 인생입니다.

내 삶만큼이나 내 마음 속도 비극이었어요. 연구자들이 주장하는 것처럼 나는 극심한 우울증에 시달렸다고 봐야 할 겁니다. 많은 예가 있지만 30대 초반에 특히 심했던 거 같네요. 1841년 서른두 살이던 사업 파트너 존 스튜어트에게 편지를 쓰면서 내가 얼마나 비참한 기분인지 밝혔어요.

> "이제 나는 살아 있는 가장 비참한 사람입니다. 내가 느끼는 이 감정을 모든 가정에 똑같이 나눠주면 지구에 밝은 얼굴이 단 하나도 없을 것입니다."

내 생각에는 그랬습니다. 내가 살아 있는 모든 사람을 통틀어 가장 비참하고 힘들고 괴로웠다고 나는 믿었습니다. 그즈음 친구들은 나의 정신 건강을 걱정했고 자살을 염려해 방에서 면도칼을 다 치웠습니다. 20대 초반의 나에게 영문법 등을 교습했던 스승 윌리엄 멘터 그레이엄도 내가 자주 자살 충동을 느꼈다고 회고했으니, 내게 삶을 종결시키고 싶은 욕망은 아주 오래된 것이었습니다.

나는 병원에서 우울증 치료를 받아야 했습니다. 당시의 우울증 치료란 육체적 가학과 다름없었죠. 피를 뽑았고 독한 물질을 마셔서 토하고 설사하게 만들었으며 또 환자를 굶겼습니다. 사람을 얼음물에 담그거나 매운 겨자로 몸을 문지르게 했어요. 우울증의 고통을 극심한 육체적 고통으로 억누르려고 했던 것 같아요.

그런데 평생 어둡고 우울한 내 마음이 내 인생을 망쳤을까요? 그렇지 않습니다. 『링컨의 우울증』을 쓴 미국 작가 조슈아 울프 솅크는 말했어요.

> "링컨이 우울증을 극복해서 위대한 일을 할 수 있었던 게 아니다. 우울은 그가 위대한 일을 하는 동력이었다."

우울한 마음 덕분에 위업을 이룰 수 있었다는 말이 궤변 같겠지만 타당합니다. 우울했던 나는 어린 시절 독서와 사색에 빠져들었습니다. 또 노예 해방과 평등과 정의 등 밝은 대의에 헌신함으로써 우울감을 극복하고자 했습니다. 우울한 기분에서 벗어나길 원했던 나는 유머의 기술을 터득했고 또 나 스스로 웃으려 노력했습니다. 나는 우울했기에 더 농담을 즐기고 더 깊이 사색했어요. 바꿔 말해서 우울감은 나의 내면을 깊게 만들었던 것입니다.

또 나는 우울했기에 타인의 슬픔을 깊이 이해할 수 있었습니다. 슬픔을 공감하는 능력이 뛰어났다고 할 수 있어요. 1862년 12월에는 나의 오랜 친구이자 정치적 지지자였던 윌리엄 매컬러프William McCullough가 남북전쟁 전투에서 전사했어요. 비통한 마음을 다잡기 힘들었어요. 그런데 그의 죽음보다 나를 더 힘들게 했던 것은 그의 어린 딸 패니가 슬픔에 빠져서 방 밖으로 나오지 않는다는 소식이었어요. 대통령이던 나는 뒤에 유명해진 위로 편지를 썼습니다. 이런 대목이 있어요.

> "지금 패니 양은 나중에 마음이 나아질 거라고 생각하지 못할 것입니다. 그렇지 않나요? 그런데 그건 틀렸습니다. 분명히 다시 행복해질 거예요. 틀림없는 진실이에요. 그 사실을 받아들이면 슬픔이 줄어들 겁니다. 내가 겪은 많은 일을 통해서 알게 된 사실이에요. 그러니 내 말을 믿어만주세요."

내가 그해 2월에 아들을 잃었다거나 평생 불행과 슬픔을 겪었다는 이야기는 생략했어요. 나는 패니 양의 슬픔이 깊지만 곧 회복될 거라는 것을 알았어요. 내가 경험을 통해 배웠던 바입니다.

누구에게나 절망은 찾아옵니다. 모든 희망을 잃고 에너지가 소진되어 이제 죽었으면 좋겠다고 생각할 때가 있어요. 그래도 아침이면 나아질 겁니다. 다시 행복해질 거예요. 내 말을 믿어주세요. 나는 에이브러햄 링컨입니다. 평생 우울과 공포의 늪에서 허우적거렸으나 끝내 빠져나와 위대한 정치가가 되었습니다. 내 이야기는 최악의 우울증이 실은 무력하다는 걸 증명합니다.

소크라테스님

군대에
가기
싫어요

Socrates, 고대 그리스의 철학자

저는 정말 군대에 가기가 싫어요. 국방의 의무를 끝내 저버릴 생각은 전혀 없어요. 그런데 끌려가는 기분입니다. 군 생활이 내게 무슨 도움이 될까 의심스러워요. 마음이 무겁네요.

군대에 가기는 가겠는데 의미 부여가 안 된다는 말이군요. 그럼 나의 경험담이 도움이 될 수도 있겠네요. 나는 군대에서 용기를 배웠습니다. 그 용기가 나를 불굴의 철학자로 만들었다고 생각해요. 2,400년 전의 내 경험을 들려드릴 테니 참고해보세요.

설마 나를 모르는 사람은 없겠죠? 나는 세계적인 유명 인사니까요. 그런데 불만이 있어요. 사람들은 내 이름을 들으면 대머리에 배 나온 늙은 철학자를 떠올릴 것입니다. 저질 체력이었다고도 생각하겠죠. 억울합니다. 내 그림이나 조각상이 그런 모양이어서 그렇겠지만 그래도 억울해요. 나는 강철 체력을 가졌어요. 여러분이 깜짝 놀랄 증언이 있습니다.

플라톤이 쓴 『향연』을 보면 알키비아데스Alkibiades라는 사람이 나와요. 아테네의 유명한 장군이자 정치가였죠. 그는 나의 체력과 전투력을 진심으로 높게 평가했어요.

> "그는 나뿐 아니라 누구보다 우월했다. 그와 비교할 수 있는 사람은
> 단 하나도 없었다."

알키비아데스 장군은 내가 굶주림과 추위와 피로를 견뎌내는 힘이 가장 뛰어났다고 평가합니다. 피로를 모르고 배가 고파도 흔들림이 없었다는 거죠. 또 얼어붙은 길을 맨발로 행군했던 걸 기억하더군요.

나의 강철 체력을 알아준 사람은 많지 않은데 그나마 20세기 철학자 버트런드 러셀이 『서양철학사』에서 위 대목을 언급해줘서 고맙게 생각합니다. 러셀은 내가 술은 잘 마시지 않았지만 일단 마시

면 누구보다 잘 마셨고 내가 취한 걸 본 사람이 없다고도 했어요. 나는 그야말로 최강의 체력을 가진 철학자였어요.

군대 이야기로 돌아갈게요. 전쟁터의 나는 용맹하기도 했죠. 부상당한 알키비아데스 장군의 곁을 끝까지 지키며 결국 목숨을 구해줬던 사실을 장군 본인이 증언하고 있어요. 나는 요즘 인기 높은 캡틴 아메리카에 비견될 정도의 강철 체력과 정신력을 가진 군인이었던 겁니다.

나는 20대 초반에 군사 훈련을 받았습니다. 마스크를 쓰고 방패와 긴 창을 들고 싸우는 무장 보병이었죠. 전쟁이 터지자 포티나이아, 암피폴리스, 델리움에서 참전했는데 그때 내 나이가 서른여덟에서 마흔여덟 사이였어요. 30킬로그램 가량의 무기를 들고 활약했던 나는 엄청난 체력의 몸짱 남성이었던 겁니다. 앞으로 나를 '캡틴 아테네'라고 불러주세요.

나는 군 복무 20여 년이 지난 기원전 399년 재판을 받고 사형을 당하기에 이릅니다. 나는 재판정에서 스스로를 변론했는데 역시 군대 경험 이야기를 했어요. 플라톤의 『변론』을 찾아보면 이런 구절을 볼 수 있을 겁니다.

"나를 지휘하도록 여러분(아테네 시민)이 선출한 지휘관이 포티다이아와 암피폴리스와 델리움에 나를 주둔시켰을 때, 나는 다른 사람들이 그랬듯이 죽음의 위험을 감수하면서 배치된 곳에 머물렀습니다."

낯선 지명도 있고 문장도 복잡하죠. 내가 쉽게 요약해볼게요. 간단해요. 나는 전투에서 죽음을 각오하고 내 자리를 지켰다는 말입니다. 비겁하게 달아나지 않았어요. 군인으로서 의무를 다했던 것이죠. 왜 이 이야기를 꺼냈을까요? 민간인으로서도 같은 심정이라고 말하고 싶습니다. 나는 철학자로서도 의무를 철저히 수행하겠다고 선언했습니다. 군대에서 도망치지 않았듯이 철학자로서로서도 달아나지 않겠다는 거예요.

재판정에서 나는 국가의 신을 믿지 않고 청년들을 타락시킨다고 비난받았습니다. 터무니 없는 소리였죠. 사형 판결이 내려질 것 같았지만 나는 물러서지 않았습니다. 죽음의 위협이 코앞에 있었지만 타협을 거부했습니다. 친구들이 달아나라고 권유했고 또 마음만 먹으면 도망쳐서 생명을 부지할 수도 있었지만 내가 당당히 극약을 마신 것도 다들 아실 겁니다. 나는 살 수 있는 기회를 스스로 버리고 결국 일찍 죽게 되었습니다.

나처럼 될 필요는 없습니다. 전투병처럼 비타협적으로 인생을 살아야 하는 것은 아닙니다. 다만 참고해주세요. 나에게는 군대 경험이 소중했습니다. 조국과 시민을 위해 온힘을 다해 싸웠던 기억은 내 자부심의 바탕이 되었습니다. 군대 경험이 없으면 자부심도 없을 거라는 뜻은 물론 아닙니다. 전장이 아니더라도 시련 속에서 신념을 지킨 경험이 있다면, 단단한 자부심이 생길 테지요.

아무튼 군대에 가지 않겠다면 내가 말릴 수도 없습니다. 나는 이미 죽어서 현실에 없으니까요. 마음대로 하세요. 하지만 기억하세요. 군대가 아니라 어떤 지옥이라도 마음을 굳게 하면 의미와 교훈을 얻을 수 있을 것입니다. 그리고 그것은 삶을 사는 데 밑거름이 될 수 있습니다. 용기를 가지라고 응원하고 싶습니다.

로버트 다우니 주니어 님

지옥 같은
상황에서
탈출할 수
있을까요?

Robert Downey Jr.,
미국의 영화배우

나쁜 일들이 겹쳐서 일어났어요. 대학에 떨어졌고, 공부를 계속하고 싶지만 아버지의 사업이 실패해서 저는 이제 경제 활동을 해야 합니다. 최근엔 우울증 진단을 받아서 하루하루 버티기가 힘겹습니다. 늪에 빠진 기분이에요. 점점 의지를 잃어갑니다. 도와주세요.

버티세요. 절대로 포기하지 마세요. 견디고 또 견디면 지옥에서 벗어날 수 있을 겁니다. 내 말을 믿으세요. 날 봐요. 여섯 살 때부터 마약을 했고 완전히 몰락할 위기에 처했지만 버텨서 살아났어요.

나는 '아이언맨'입니다. 내 영화 출연료는 5,000만 달러도 넘습니다. 거의 600억 원에 달하는 거액이죠. 1965년 뉴욕 맨해튼에서 태어나고 자라는 동안 내 가족은 나의 이런 화려한 미래를 상상하지 못했을 게 분명합니다.

아버지인 로버트 다우니 시니어는 히피 문화에 젖은 영화제작자였는데, 아들의 미래에 전혀 무관심했던 것 같아요. 내가 여섯 살 때 내게 마리화나를 주더라고요. 여덟 살이 되었을 때 나는 이미 마리화나에 중독되었습니다.

미국 잡지 『피플』과 인터뷰하며 말했듯이 어린 나는 마약에 둘러싸여 살았습니다. 아버지는 나중에는 후회한다고 했지만 그때는 나에게 마약을 건네며 죄책감을 느끼지 않았어요. 내가 보기에 아버지는 마약을 나누는 게 사랑의 표현이라고 생각했던 것 같아요. 10대가 된 후에도 내 생활은 어두웠는데 1982년 인생에 큰 변화가 생깁니다. 캘리포니아에 살던 나는 배우가 되기로 결심하고 고등학교 중퇴 후 뉴욕으로 갔습니다.

영화를 연출하고 연기도 했던 아버지와 어머니의 유전자가 힘이 되었던 걸까요? 우여곡절이 있었지만 나의 연기 인생은 성공적이었고 1993년에 고점에 다다랐습니다. 영화 〈채플린〉으로 미국 아카데미상 남우주연상 후보에 올랐고 BAFTA 영국 아카데미상 연기상을 받았어요. 그해에 첫 번째 아내와의 사이에서 아들도 태어났어요. 행복한 시기였죠.

그런데 1996년부터 심각한 시련을 겪습니다. 바로 마약 때문이었어요. 나는 환각 상태로 옷을 벗고 차를 과속으로 몰다 단속에 걸리기도 했어요. 정신을 잃고 이웃집에 들어가 남의 침대에서 잠들기도 했고요. LA의 허름한 호텔 뒤편에 웅크리고 자는 게 발견된 적도 있었어요.

그러다가 결국 1996년 6월에 처음 체포되고 말았어요. 말리부를 과속으로 달리던 내 차 안에서 코카인과 헤로인 그리고 장전되지 않은 총과 탄환이 발견되었습니다. 이후 마약 치료 시설을 전전했고 12개월 동안 교도소에도 수감됩니다. 그즈음 판사에게 절망적인 심정을 호소했어요.

> "내 입에 산탄총을 물고 있는 것 같아요. 내 손가락은 방아쇠에 걸어
> 놓았고요. 그런데 나는 총의 금속 맛이 좋아요."

나는 알고 있었습니다. 내가 얼마나 위험한 짓을 하고 있는지 말입니다. 그런데 벗어날 수 없었어요. 나는 몰락을 즐기고 있었던 겁니다. 교도소 경험은 참담했어요. 재소자들은 나에게 계속 싸움을 걸었습니다. 유명 연예인을 괴롭히는 것이 즐거웠던 모양입니다. 나는 두 번이나 피범벅이 되어 쓰러졌습니다. 또 세 명의 재소자와 싸우

다 크게 다친 후에 독방으로 옮겨지기도 했어요.

나는 2003년부터 마약을 끊었습니다. 영국 『가디언』과 인터뷰에서 밝혔듯이 요가, 명상, 치료 프로그램 등이 도움이 되었습니다. 또 사랑하는 아내 수전 레빈과 내가 재기할 수 있도록 도와준 친구 멜 깁슨 덕분이기도 합니다.

2008년 나는 영화 〈아이언맨〉에 출연했습니다. 지금은 세상에서 가장 유명한 배우가 되었고 엄청난 부를 쌓았으며 아들 하나와 딸 하나를 더 얻어서 행복한 남편이자 아빠로 살아가고 있습니다.

나는 지옥을 통과했습니다. 어떻게 쓰러지지 않고 지옥을 빠져나올 수 있었을까요? 나도 정확하고 세세한 설명은 못하겠지만, 〈오프라 윈프리 쇼〉에서 했던 말이 기억납니다.

> "당신이 버티고 결코 포기하지 않는다면 가장 힘든 상황은 저절로 해소된다고 나는 믿어요. 내가 그랬어요. 나는 절대 포기하지 않았어요."•

앞에서 말했듯이 나는 여섯 살에 처음 마리화나를 경험했습니다. 그 뒤로 마약의 마수에서 벗어날 수가 없었습니다. 자연히 일탈 행위도 하게 되었습니다. 마약을 얻기 위해 그리고 마약에 취해 별의별 기이한 짓을 많이도 했습니다. 그러던 내가 이제 건강한 삶을 살고 있습니다. 세계적 스타가 되었고 평범한 아빠와 남편으로 살아가고 있죠. 내가 생각해도 기적 같은 일입니다.

　최악의 상황을 맞은 분들께 절대 포기하지 말고 끝까지 버티라고 조언하고 싶습니다. 내가 그랬습니다. 괴물 같은 시련은 우리의 인내심을 이기지 못하고 연기처럼 사라져버릴 것입니다.

● I believe the most difficult situations will resolve themselves if you are persistent and you don't give up entirely. And that's what I never did. I never gave up.

우
사
인
볼
트
님

Usain Bolt,
자메이카 출신
육상 선수

떨릴 땐
어떻게
해야 하나요?

당신은 은퇴를 했어도 역사상 가장 위대한 육상 선수예요. 실력도 대단하지만 더 매력적인 점은 여유입니다. 옆에서 달리는 선수들을 흘긋 보면서 웃었잖아요. 경기 전에도 긴장하지 않았던 것 같아요. 슈퍼 멘탈의 비밀은 뭔가요?

다들 내가 긴장을 안 했다고 생각하는데 그런 사람이 어디 있겠어요? 나도 당연히 떨립니다. 큰 경기라면 더 긴장되죠. 다만 떨리는 마음을 다스리는 방법을 터득했어요. 경기 끝나고 신나게 놀 생각을 하면 한결 좋아집니다.

나도 내가 최고의 육상 선수라고 생각해요. 2008년, 2012년, 2016년 하계 올림픽에서 연달아 3개 종목에서 우승하면서 금메달을 9개나 땄으니까 정말 대단한 거죠. 아쉽게도 동료가 도핑 테스트에 걸려 금메달 하나를 박탈당했지만, 아무튼 굉장히 감격적인 경험이었어요. 2008년 베이징 올림픽에서 100미터와 200미터에서 우승했는데 이런 동시 우승은 올림픽 사상 처음 있는 일이었죠. 그리고 언젠가는 깨지겠지만 2009년에 100미터 9.58초, 200미터 19.19초의 세계 기록을 세웠어요.

그런데 사람들이 나의 실력에만 매료된 게 아니었어요. 항상 유쾌하고 여유 넘치는 내 모습이 매력적이었던 거 나도 알아요. 하지만 경기장에서 내 마음이 아무렇지도 않은 게 아니었어요. 다른 선수들처럼 긴장되고 두려웠죠. 그래서 나만의 마음 위로법을 터득하게 되었어요. 미국의 스포츠 방송 ESPN과 인터뷰하면서 말했어요.

"여러 해를 지나면서 알게 되었어요. 경기에 대해 생각하기 시작하면 스트레스를 받게 돼요. 나는 긴장을 풀고 컴퓨터 게임을 생각합니다. 경기 후에 내가 할 일이죠. 쉬면서 할 일을 떠올리는 겁니다."

압박감을 주는 일을 계속 생각하지 마세요. 열심히 준비하고 연습한 후에는 생각을 딴 데로 돌려 레이스가 끝난 후에 즐겁게 할 일을 생각하는 게 좋아요. 힘든 시간을 다 보내고 나서 내가 누릴 보상에 집중하면 훨씬 편해질 겁니다. 졸업 후에 떠날 여행을 생각해봐요. 학교 다니는 게 견딜 만해져요. 새로운 애인을 상상해보세요. 이별의 고통이 약해질 거예요. 덤으로 내가 생각해도 너무 멋진 나의 명언을 하나 소개할게요.

"걱정해봐야 아무 소용이 없어요.• 잘할 수 있을까 걱정하게 되면 당신은 이미 패배한 겁니다. 훈련을 열심히 하고 최선을 다해 달리면 나머지는 저절로 이루어질 거예요."

내가 200미터 출발선에 있다고 생각해봐요. '잘할 수 있을까?' 하고 생각하는 순간 나는 패배한 겁니다. 걱정은 잠시 잊고 그냥 달리는 겁니다. 결과는 몰라요. 순위 따위에 대한 걱정을 버려야 승자가 될 수 있어요. 결과를 염려하는 순간 몸과 마음이 경직되잖아요. 결과 따위는 어때도 좋다고 대범하게 생각해야 심신이 유연해져요. 그럼 용감하게 살아가길 기원할게요!

• Worrying gets you nowhere.

에
드
바
르
드

뭉
크
님

저주받은
유전자를
어떻게 해야
할까요?

Edvard Munch,
노르웨이의 화가

미칠 것 같아요. 가끔 비명을 지르고 싶어요. 당신의 작품 〈절규〉에 나오는 그 사람처럼 양쪽 귀를 가리고 목이 터져라 소리 지르고 싶어요. 우리 가계에 나와 비슷한 사람들이 많아요. 나는 더러운 유전자를 물려받은 겁니다. 불안증이 심하고 감정 통제를 못합니다. 어떻게 해야 할까요?

어떻게 할 방법이 없죠. 왜냐하면 유전이라고 하셨으니까요. 이미 유전된 것을 되돌리거나 없앨 방법은 없는 거예요. 가끔 비명을 지르면서 사는 방법뿐이에요. 그래도 위안이 될 사실도 있긴 있어요. 더럽기만 한 유전자는 없어요. 분명 좋은 면도 있을 겁니다.

1892년 1월 나는 노르웨이 오슬로의 거리를 산책하고 있었어요. 그때 내 귀에 비명 소리가 들렸어요. 사람의 비명이 아니라 자연의 비명이었어요. 그날 일기에 이렇게 썼죠.

"어느 날 저녁 나는 작은 길을 따라 걷고 있었다. 도시는 내 옆에 늘어서 있었고 아래로는 피오르드가 흘렀다. 나는 피곤했고 몸이 안 좋았다. 멈춰서 피오르드 너머를 보았다. 태양은 지고 있었고 구름은 핏빛 빨강으로 변하고 있었다. 나는 자연을 관통하는 끝없는 비명을 느꼈다."

길을 가는데 어디선가 큰 비명 소리가 들린 것입니다. 얼마나 무서웠을까요? 내가 느낀 그 마음을 표현한 그림이 〈절규〉입니다. 원래 제목은 〈자연의 절규The Scream of Nature〉였는데 줄여서 부르게 되었어요. 〈절규〉는 나의 영혼을 보여줍니다. 나는 불행하고 어둡고 기괴한 정신세계 속에 살았습니다. 어릴 때부터 환경이 그랬어요.

나는 1863년 겨울 노르웨이 뢰텐에서 태어났어요. 아버지는 의사였지만 가족들은 건강이 좋지 않았어요. 엄마는 내가 다섯 살 때 결핵으로 돌아가셨고, 9년 후에는 누나가 같은 병으로 죽었으며, 12년 후에 아버지도 사망했어요. 또 여동생은 양극성 장애로 치료 시설에 수용되었습니다.

나도 건강이 아주 좋지 않았고 학교에 가면 친구들로부터 괴롭힘을 당했어요. 나이가 들어서는 "내 상태가 광기에 가까워지고 있다"고 자가 진단을 한 일이 있어요. 실제로 1908년에는 전기충격 등 정신과 치료를 8개월 동안 받기도 했습니다. 몸과 정신의 건강을 해치는 유전자 정보를 나와 가족들이 갖고 있었습니다. 그래서 이렇게 말했죠.

"나는 인류의 가장 무서운 적 두 가지를 유산으로 받았다. 폐병과 광기가 그것이다."

나야말로 더러운 유전자를 물려받은 인간입니다. 몸과 마음이 고통에서 자유로웠던 적이 없어요. 매일 불안에 떨며 절규했고 내 삶은 저주받은 것 같았어요. 그런데 돌아보니 저주받은 유전자가 도리어 내 커리어에는 유익했더군요.

"내가 기억하는 나는 깊은 불안감을 겪어왔고 그것을 예술로 표현하려고 해왔다. 불안감과 질병이 없었다면 나는 방향타 없는 배와 같았을 것이다."

나의 유전자가 공포감을 만들어낸 덕분에 나는 〈절규〉를 그려낼 수 있었습니다. 내 더러운 유전자가 최고 예술 작품의 어머니였던 겁니다. 비명을 지르고 싶으면 확 지르세요. 다만 아무 곳에서나 절규하면 문제가 커집니다. 사람이 없는 곳을 고르세요. 아니면 창문을 꼭 닫아야 합니다. 속이 시원하게 소리 지르면서 견뎌내세요. 억누르는 게 더 해로울 겁니다.

그리고 나처럼 저주받은 유전자를 오히려 긍정할 날도 올 거라고 생각하면 좀 나아질 겁니다. 가령 말이 많고 실수도 많은 성격을 유전받은 사람은 덕분에 사교성이 좋고, 유전적으로 공포감이 큰 사람은 만사에 대비를 충실히 하게 되며, 몸이 약하게 유전된 사람은 사색이 깊어질 것입니다.

100퍼센트 나쁜 유전은 없을 겁니다. 달리 말해서 주어진 성격이나 자질이 완전히 글러먹은 사람은 없다는 뜻입니다. 절규만 하지 말고 용감하게 자신의 밝은 면도 찾아보라고 조언드립니다.

Chapter 7

나를 받아들일 수 있을까?

마
하
트
마
간
디
님

내성적인 성격
때문에
힘들어요

Mahatma Gandhi,
인도의 정치 지도자

내성적인 성격이라서 괴로워요. 심한 말을 듣거나 모멸을 당해도 항변을 못해요. 매일 밤 '왜 그 말을 못했을까' 하고 후회하게 됩니다. 이런 소심하고 내성적인 내 성격이 너무 싫어요. 성격을 바꿀 수 있나요?

그 심정을 내가 잘 알죠. 나야말로 내성적 성격의 아이콘이라고 할 수 있어요. 안타깝게도 성격은 바꾸기 어려워요. 그래도 희망은 있어요. 내성적 성격은 못 바뀌도 내성적 성격에 대한 생각은 바꿀 수 있어요. 그 성격을 긍정적으로 보면 훨씬 기분이 좋아질 겁니다. '왜 그 말을 못했을까' 하며 후회한다고 했죠? '왜 그런 말을 했을까?' 하면서 땅을 치는 외향적인 사람도 많아요.

어릴 때부터 나는 무척 내성적이었어요. 『간디 자서전』에 내가 쓴 아래 글귀를 읽으면 내가 불쌍해 보일 겁니다.

"나는 아주 수줍었고 누구와도 함께 있기 싫어했어요. 책과 수업이 나의 유일한 친구였죠. 매일 시간에 딱 맞춰 학교에 갔고 학교가 끝나자마자 집으로 달려가는 게 습관이었어요. 말 그대로 달려서 집에 갔던 건 누구와 이야기하는 걸 견딜 수 없었기 때문이에요. 또 누가 날 놀릴까봐 무서웠어요."

누구와도 말을 못하고 친구들이 말을 걸까봐 무서워서 집에 뛰어 갔던 소심한 아이가 바로 나였습니다. 사회성 최하인 어린이였죠. 안 쓰럽지 않나요?

나는 답답한 내 성격을 고치고 싶었어요. 활달하고 외향적인 사람이 되려고 노력했어요. 법률 공부를 위해 런던에 유학 가서는 최신 유행 패션 아이템을 찾아 입었어요. 그래야 '인싸'가 될 수 있으니까요. 또 프랑스어와 댄스 수업도 들으면서 사람들과 어울리려고 노력했어요.

그러나 효과는 거의 없었어요. 사람이 열 명 정도만 모여도 머릿속이 멍 해졌습니다. 사람들에게 내 생각을 적극적으로 말하지도 못했어요. 학교가 끝나자마자 집으로 달려갔던 그 소년은 청년이 되어서도 크게 변한 게 없었던 거죠.

내성적 성격이 변호사 일을 할 때 특히 문제가 되었어요. 처음 맡은 사건 때문에 법정에 갔다가 패닉 상태가 되어 나와 버렸어요. 아무런 문장도 머리에 떠오르지 않아서 나는 무척 당황했어요.

"머릿속이 빙빙 돌았고 법정 전체도 빙빙 도는 것처럼 느껴졌다."

세월이 지난 뒤에 이때의 일을 나는 이렇게 회고했죠. 나의 내성적 성격은 나중에 남아프리카공화국에서 일을 할 때 많이 좋아졌지만 완전히 극복되지는 않았어요.

인도 독립 투쟁에 앞장서서 사람들을 이끌고 대중 연설을 할 때에도 내 성격이 변한 건 아니었어요. 내 생각을 공개적으로 밝히고 주목을 받는 게 여전히 불편했습니다. 그런데 성격은 달라지지 않았지만 변한 게 있어요. 내성적 성격에 대한 나의 생각이 변했습니다.

결론부터 말할게요. 내가 자서전에 쓴 그대로입니다.

"나의 수줍음이 실제로는 나의 방패였습니다."•

소심한 나는 말하기를 꺼렸습니다. 한마디 한마디가 조심스러웠어요. 그런데 생각해보니까 이것은 오히려 장점이었습니다. "생각

없는 단어가 나의 혀나 펜에서 하나라도 빠져나가는 일이 없다"는 걸 알게 된 겁니다. 신중한 발언은 나를 보호합니다. 말 때문에 겪는 어려움 즉 '설화'로부터 나를 지켜내는 방패입니다.

외향적인 성격은 행동이나 발언이 적극적입니다. 멋있게 보이겠지만 많이 후회할 일이 생기기도 해요. 내성적인 사람이 "왜 그 말을 못했을까?" 하며 안타까워한다면 외향적인 사람은 "왜 그 말을 했을까?" 하고 후회하게 됩니다. 왜 그런 행동을 했는지 후회하면서 한숨을 쉬는 경우도 있죠.

게다가 적극적으로 발언하다 보면 갈등도 생기고 싸움도 벌이지며 인간관계가 나빠질 위험도 크죠. 내성적인 사람은 내가 답답하고 힘들지만 갈등에 휩싸이지 않으니 좋아요. 소심한 성격이 분쟁으로부터 나를 보호합니다.

말수가 적고 내성적인 사람은 또 다른 장점이 있어요. 내면이 깊어진다는 점입니다. 묵언수행이 진리를 추구하는 훈련법이라는 것을 아시죠? 말이 없어야 나와 세상의 진면목을 볼 수 있습니다. 나는 그 사실을 깨닫고 이렇게 썼어요.

"수줍은 성격이 나를 성장하게 했다. 진리를 식별할 수 있도록 지금껏 도왔다."

내성적인 사람이 사색에 빠져듭니다. 무엇이 옳고 그른지 깊이 생각하게 되죠. 빼어난 자질입니다. 반대로 활기가 넘치는 사람은 사색의 기회가 적은 게 사실입니다. 그렇게 좋은 걸 모르고 '난 내성적이라서 안 돼'라고 자학하면 어리석습니다. 자신이 가진 정신적 자산의 진정한 가치를 알아야 합니다. 우리 내성적이고 수줍은 사람들은 열등하지 않으니 활짝 웃어도 된다고 나는 생각합니다.

• My shyness has been in reality my shield.

아
이
작

뉴
턴
님

인성이
나쁘다는 말을
들어요

Isaac Newton,
영국의 과학자

나는 성격이 나쁩니다. 주위에서 다들 그렇게 말하고 내가 생각해도 그런 것 같아요. 계속 이러다가는 주변에 아무도 없이 그냥 외롭게 살다가 외롭게 죽을 것 같아요. 성공하고 돈을 많이 벌어도 곁에 아무도 없다면 그 인생은 실패한 게 아닐까요? 너무 불안합니다.

지나치게 걱정하지는 마세요. 성격이 나보다 나쁘기야 하겠어요? 나는 머리는 최고 좋은데 인성은 최고 나쁘다고 할 수 있어요. 그래도 여든네 살까지 그럭저럭 살았고, '위대한 과학자'라는 수식어도 얻게 되었어요. 내 이야기가 위로가 된다면 좋겠어요.

사람들은 나를 위대한 과학자로 기억합니다. 가장 위대하지는 않더라도 손가락에 꼽히는 굴지의 과학 천재라고 부를 정도는 됩니다. 그런데 알려지지 않은 면모도 있어요. 나는 아주 성격이 나빠요. 그 사실을 증언한 사람이 정말 많아요.

1995년 영국왕립학회 『과학사저널』에 「아이작 뉴턴의 인성The Personality of Isaac Newton」이라는 논문이 실렸어요. 논문에 따르면 17세기의 동료 과학자 윌리엄 위스턴William Whiston이 나를 최악으로 평가했어요. "뉴턴은 내가 아는 사람 중에서 가장 공포심이 크고 조심성이 많고 의심이 많은 성격"이라고 했던 겁니다. 또 다른 동료 존 플램스티드John Flamsteed는 "교활하며 야심적이고 칭찬을 지나치게 원하며 반대를 견디지 못한다"고 했어요. 또 20세기의 전기 작가 프랭크 E. 매뉴얼Frank E. Manuel은 "뉴턴이 친구들과 절교한 후 새로운 사람에게 접근해서 주변 사람들이 음모를 꾸민다고 비난했고 있지도 않았던 대화를 지어내 말했다"고 주장했더군요.

나는 내가 비뚤어진 사람이라고 인정하기 싫어요. 그러나 부인하기 어려운 게 나한테 불리한 증거가 너무 많군요. 어릴 때 친어머니와 의붓아버지를 불태우겠다고 협박했던 일도 있었죠. 내가 직접 기록해둔 게 남아있을 거예요.

나는 부모님뿐 아니라 동료들과도 관계가 좋지 않아 독하게 싸웠습니다. 가장 대표적인 것이 고트프리트 라이프니츠Gottfried Leibniz와의 갈등이에요. 라이프니츠가 미적분학을 발명했다고 공개적으로 주장하자 나는 내 연구를 표절했다고 그를 강력 비난했어요. 후대의 학자들은 둘이 비슷한 시기에 독립적으로 미적분학을 개척했다고 평가했지만, 사람을 의심하는 성격인 나는 라이프니츠를 도둑이라고 확신했어요. 나는 라이프니츠를 비난하고 나 자신을 칭찬하는 글을 가명으로 쓰기도 했어요.

과학자 로버트 훅Robert Hooke과의 불화도 유명합니다. 1676년 나는 훅에게 보낸 편지에 이런 문장을 썼어요. "내가 더 멀리 봤다면 거인들의 어깨 위에 올라섰기 때문이다."* 유명한 문장입니다. 앞선 과학자들의 업적을 추켜세우는 겸손의 표현으로 알려져 있어요. 그런데 일부 전기 작가들은 표독스러운 뜻이 숨어 있다고 주장하더군요. 당시 갈등 관계에 있던 훅은 작고 왜소했는데 일부러 '거인'이라는 단어를 써서 왜소증을 조롱했다는 겁니다. 사실이냐고요? 사실 여부는 내가 확인해드릴 수가 없어요. 알아서 판단하세요.

나는 결혼도 하지 않았어요. 당연히 자손도 없죠. 전기 작가들은 여든네 살에 사망한 내가 성경험도 없었을 것이라고 추정하더군요. 우선 연애 관계에 대한 기록이 없다는군요. 또 내가 여성과 성경험을 아주 싫어하는 말을 남겼다고 사람들은 지적합니다. 루머일 뿐이라고 일축할 수 없는 게 결정적인 '제보'가 있기 때문입니다. 제보자는 프랑스 철학자 볼테르입니다.

내 장례식 즈음에 런던에 있었던 볼테르는 내가 "어떤 열정도 느끼지 않았고……여성들과 어떤 거래도 없었다"고 적었어요. 또 그런 사실을 내가 죽을 때 곁에 있던 의사들이 확언했다고 덧붙였습니다. 치명적인 마지막 펀치입니다. 이제 나는 불안과 의심이 강하고 부모를 협박하고 동료들과 싸우고 온갖 독설을 퍼붓고 연애도 못한 사람이네요. 좋아요. 반박하지 않겠어요. 논쟁을 해봐야 평가가 바뀌지 않을 테니 힘 빼지 않고 포기하겠어요.

그런데 내 성격은 왜 그 모양이었던 것일까요? 유전의 영향도 있겠지만 정신분석학적인 설명도 있습니다. 나는 당시 영국에서 사용되던 율리우스력으로 1642년 12월 25일에 태어났어요. 크리스마스가 생일인 아기의 환경은 평범하지 않았어요. 아버지는 내가 태어나기 세 달 전에 사망했고, 세 살 때는 어머니와 이별했어요. 어머니가 부유한 남자와 재혼을 했기 때문이죠.

할머니가 나를 맡아 길렀어요. 8년 후 재혼한 남편마저 죽자 어머니는 낯모르는 동생들을 데리고 돌아왔어요. 나는 어릴 때부터 의붓아버지를 싫어했고 어머니를 많이 원망했습니다. 어려서 어머니로부터 버림받았기 때문에 나는 누군가를 사랑하거나 신뢰할 능력을 키우지 못했고 타인을 불신하고 공격하는 성격을 갖게 된 것이라고 말하는 학자들이 있어요. 이런 분석에 따르면 나는 측은한 존재입니다. 인성이 고약했을지언정 사실은 나도 상처받은 영혼이었던 것입니다.

　인성이 나빠서 고민하는 분께는 세 가지 조언을 드리고 싶어요. 먼저 혁명을 원하지 마세요. 조금씩은 몰라도 획기적인 성격 개조는 불가능합니다. 성격 혁신은 헛꿈입니다. 두 번째로 두려움을 버리세요. 성격이 나쁘면 또 나쁜 대로 살아갈 길이 있어요. 나도 여든네 살까지 그럭저럭 잘 살았어요. 세월은 성격 파탄자에게도 지혜를 줄 겁니다. 조금씩 나아질 겁니다. 끝으로 나쁜 성질을 숨기고 운 좋게 결혼하게 되었다면 자녀에게 잘해주세요. 내 성격은 못 고쳐도 아이에게 사랑을 쏟으면 유전자 정보를 극복할 수 있을 겁니다. 어릴 때 버림받았던 나는 특히 사랑 넘치는 육아를 강조하고 싶어요.

● If I have seen further it is by standing on the shoulders of Giants.

나
폴
레
옹
보
나
파
르
트
님

좌절의
고통을 씻을 수
있을까요?

Napoléon Bonaparte, 프랑스의 군인·황제

최근 큰 좌절을 경험했습니다. 열심히 했던 사업이 망했습니다. 나 자신의 무능력 때문이었어요. 괴롭습니다. 이 좌절감을 어떻게 극복해야 할까요? 불가능이란 없다고 한 당신은 좌절감을 극복하는 것도 가능했겠지요?

나에게 불가능이 없는 건 아니에요. 나는 워털루에서 치명적인 패배를 당했습니다. 패배 후 마음은 모두 똑같아요. 견디기 힘들 정도로 후회가 깊어집니다. 나는 그 전투에서 죽었어야 한다는 생각까지 했어요. 어쩌면 내가 당신에게 위로의 말을 건넬 수 있을 것 같군요.

나는 1821년 5월 5일 세인트헬레나에서 숨을 거두었습니다. 그래요. 나의 기일이 행복한 어린이날이 되었군요. 세인트헬레나는 남아메리카와 아프리카 대륙 사이 망망대해에 떠있는 섬입니다. 나는 영국 군함 노섬벌랜드를 타고 10주 동안 항해한 끝에 1815년 10월 그 섬에 도착했어요.

나는 널찍하지만 낡고 습하고 쥐도 많은 농장주의 집 '롱우드'에서 영국군의 감시하에 6년 동안 살다가 죽었습니다. 다행히도 내가 죽을 때 아무도 없이 쓸쓸했던 것은 아닙니다. 세인트헬레나에 올 때 30여 명이 넘는 수행단이 있었습니다. 신하와 의사와 시종 등이 함께 했죠.

나의 마지막을 목격한 이 중 하나가 루이 에티엔 생드니Louis Étienne Saint-Denis입니다. 충직한 시종인 그가 남긴 기록에 따르면 죽기 전 나는 40일 정도 침대에 누워 있었다고 하네요. 딸꾹질 같은 소리를 냈고 고통스럽게 신음도 했다더군요. 헛것을 보는 것 같았다고도 해요. 그리고 말하기조차 힘들어 겨우 한두 단어를 말하는 게 전부였어요. 내 곁을 지키는 사람은 나의 호흡을 자주 확인했습니다. 죽었나 살았나 살폈던 것이죠. 살아 있으면 기운을 차리라고 내 입에 설탕과 물을 스푼으로 넣어줬다는 게 생드니의 기록에 남아 있습니다.

나는 부활하지 못하고 죽었어요. 프랑스로 돌아가지 못했고 다시 제위에 오르거나 나의 용맹한 군대를 지휘할 기회도 다시는 얻지 못했습니다. 사후에 영국 측이 부검을 해 사인을 밝혔는데 위암이었습니다. 비소 중독이 진짜 원인이며 암살되었다는 음모론도 있지만 아무튼 나의 공식 사인은 위암입니다. 죽기 전 수년 동안 후회를 많이 했습니다. 무엇보다 나를 몰락시킨 1815년 6월의 워털루 전투에 대한 회한이 컸어요.

세인트헬레나로 향하는 군함에서 탄식했어요. "오, 워털루 전투를 다시 할 수만 있다면!" 내가 영웅이라고 불리지만 좌절에 대응하는 법은 보통 사람과 비슷합니다. 상상 속으로 숨어들어 비참한 현실을 잊으려 노력하는 것이죠. 하지만 달콤한 상상은 황제라고 해서 오래 지속되지 않습니다. 비누 거품처럼 금방 터져버리죠. 정신을 차리고 보면 나의 현실은 바뀐 것 하나 없이 비참할 뿐입니다. 얼마나 괴로웠을지 여러분도 짐작이 될 겁니다.

차라리 죽었으면 좋겠다는 생각도 들더군요. 신하에게 "나는 워털루에서 죽었어야 했다"는 말까지 하기도 했어요. 요즘 유행하는 말로는 자존감이 추락했습니다. 내 삶이 무가치하다고 느꼈습니다. 내가 존재하지 않는 게 낫다고 생각했어요. 측근들은 내가 극단적인 선택을 할까 걱정했다고 하더군요.

나는 살아 있는 내가 미웠습니다. 자책과 후회 속에서 오랜 시간을 보내야 했어요. 그러다 마침내 새로운 태도를 취하기에 이릅니다. 운명에 주목하게 되었습니다. 나의 잘못도 있겠지만 그보다는 운명이 나의 패배를 결정지었다고 생각하게 된 것입니다.

> "나보다 병력이 2만 명 적었으니까 우리가 워털루 전투에서 이겼어
> 야 한다. 그러나 운명이 우리를 패배하게 만들었다."

한 인간의 장단점을 초월하는 운명의 힘이 존재한다면 어떨까요?
인간의 뜨거운 투쟁심도 꺾을 수 없는 도저한 힘이 운명입니다. 어
쩌면 나의 무능력이 아니라 운명이 워털루의 승패를 결정지었던 것
인지 모릅니다. 세인트헬레나에서 내 인생을 돌아보면서 이런 말을
했습니다.

> "나는 진정 나 자신의 주인이 아니었다. 나는 언제나 환경에 지배되
> 었다."

나폴레옹답지 않다고 생각할 겁니다. 맞아요. 나는 원래 그런 사
람이 아니었습니다. 전성기의 나는 불가능도 우습게 극복할 것 같은
불굴의 인간이었습니다. "내 사전에 불가능이라는 낱말은 없다"고
말한 적이 있어요. 또 "나를 죽일 총탄은 아직 만들어지지 않았다"
라는 말도 남겼어요. 이런 내가 절대 죽지 않고 그 어떤 불가능도 정
복할 사람처럼 보였을 겁니다. 하지만 권력을 잃고 희망이 사라지자

나도 차츰 변했습니다. 과거의 실수를 가슴이 터져라 후회했고 죽고 싶다는 생각에 사로잡혔습니다.

운명의 힘이 여러분을 압도하기 전까지 삶을 절실하게 살아가라고 조언드리고 싶습니다. 율리우스 카이사르는 자신이 칼에 23군데나 찔려 죽을 거라고 상상조차 하지 못했을 것입니다. 알렉산드로스도 자신이 서른두 살의 나이에 병에 걸려 죽을 걸 몰랐습니다. 마하트마 간디나 에이브러햄 링컨도 마찬가지입니다. 생은 갑작스럽게 끝나버립니다. 인생의 상연 시간은 정해져 있지 않으며, 배우인 우리는 언제 퇴장당할지 모릅니다. 매일 절실하게 살아야 하는 이유입니다.

그리고 설사 패배했다고 해도 자학하지는 마세요. 실패의 원인 중 절반 정도는 외부에서 오는 것이니까 전적으로 내 탓이 아닙니다. 또 패배하지 않는 사람은 세상에 존재하지 않아요. 나를 포함한 모든 영웅의 빛나는 인생도 결국에는 꺾였습니다. 참담한 패배와 실패 앞에서도 자신을 변호할 용기를 가지라고 응원하겠습니다.

미
켈
란
젤
로

부
오
나
로
티
님

열등감이
심해서
괴로워요

Michelangelo Buonarroti, 이탈리아의 예술가

주변에 잘난 사람들이 너무 많아요. 솔직히 시기와 질투를 느낄 때가 있습니다. 열등감에 시달릴 때도 많죠. 열등감은 사람을 참 괴롭게 만드는 감정이에요. 열등감을 벗어던지고 나 자신에게 당당한 사람이 되고 싶습니다.

완벽하게 잘난 사람은 없다는 걸 알면 열등감이 줄어들 겁니다. 돈 자랑하는 억만장자도 돈이 부족해 괴로워요. 천재들도 자기가 바보 같다고 자주 느껴요. 보기에는 그렇지 않은 것 같아도 사실은 다들 속이 상해 있어요. 부러워하며 열등감을 느낄 만한 완벽한 사람은 이 세상에 없어요.

15세기말 어느 평범한 날 내 코가 완전히 부러졌어요. 이탈리아 피렌체의 카르미네 성당이었어요. 나는 열여섯 살 정도였고 스케치를 하고 있었어요. 그런데 나보다 두 살 많은 녀석이 주먹을 쥐고 달려들었습니다. 그는 내 얼굴에 강력한 펀치를 날렸습니다. 내 코가 주저앉았어요. 내 초상화를 보면 실제로 코가 찌그러진 걸 보게 될 겁니다. 그날 싸움 때문이었어요.

나를 때린 자는 피에트로 토리자노Pietro Torrigiano입니다. 그는 유명한 조각가로 지금도 이름이 남아 있어요. 그 녀석이나 나나 갑부 로렌초 데 메디치의 후원을 받는 교육생이었으니까 당시 사건은 일종의 '학폭'이었습니다. 그가 왜 나를 때렸냐고요? 이탈리아 조각가인 벤베누토 첼리니Benvenuto Cellini가 자서전에 가해자의 목소리를 기록해 놓았습니다.

내가 친구들의 실력을 얕잡아 보면서 작품을 조롱하는 못된 버릇이 있었다는 게 가해자의 주장입니다. 그날 내가 그를 놀려서 참을 수 없이 화가 났던 그가 주먹을 휘둘렀다고 합니다. 그 친구는 때리는 순간의 느낌을 아주 생생하게 묘사했어요. "미켈란젤로의 코의 뼈와 연골이 내 주먹 밑에서 과자처럼 부서지는 걸 느꼈다."

결국 성격이 못된 내가 폭력 사태를 일으켰다는 겁니다. 나는 맞아도 싸고 자기 주먹은 정의로웠다는 항변이죠. 좋아요. 내가 통 크게 인정하겠어요. 내 코를 영원히 비뚤어지게 만든 그 나쁜 친구의 말이 완전히 틀린 것은 아닙니다. 나는 오만해서 타협을 모르고 화를 쉽게 내며 싸움을 자주 일으킨다는 평가를 받았어요. 후대의 많은 학자도 그런 혹평에 동의합니다. 내 비뚤어진 성격이 코를 무너뜨린 원인이라는 분석이 나올 만하죠.

그런데 다른 해석도 있어요. 열등감이 사건의 진짜 원인이었습니다. 내가 나타나기 전까지는 가해 학생 토리자노가 후원자 메디치의 인정과 기대를 받았어요. 그런데 내가 월등히 뛰어난 실력으로 주목을 받기 시작하자 토리자노는 관심 밖으로 밀려나기 시작했죠. 그의 주먹질은 질투가 원인이었습니다. 질투 혹은 열등감은 견디기 힘든 감정입니다. 자신과 타인에게 깊은 해를 입히게 되죠. 나는 평생 코가 찌그러진 채 살아야 했고, 토리자노는 뛰어난 조각가가 아니라 '르네상스 시대의 가장 유명한 주먹'으로 영원히 기억되게 되었어요.

그런데 말이죠. 내가 정말 질투할 만한 존재인가요? 나 때문에 열등감을 느끼는 게 가당키나 한지 모르겠어요. 사실 나에 대해서 잘 몰라서 멋대로 열등감을 느끼는 것입니다.

내가 예술적 재능이 뛰어난 것은 사실입니다. 1년 만에 만든 조각상 〈피에타〉는 성모와 예수의 옷 주름과 근육까지 섬세하게 표현해 사람들을 경외감에 빠뜨렸죠. 〈다비드〉와 〈시스티나 성당의 천장화〉를 본다면 예술을 조금도 모르더라도 누구나 예술적 충격에 빠질 겁니다. 솔직히 나는 예술적 재능에 대한 자부심은 큽니다. "나는 대리석 속의 천사를 보았고 천사가 풀려날 때까지 조각했다"*는 말을 한 적이 있어요. 신에 가까운 예술 감각을 뽐낸 것입니다. 또 "라파엘로 가 예술에 대해 알고 있는 것은 모두 나에게 배웠다"고 전기 작가 아 스카니오 콘디비Ascanio Condivi에게 말했어요. 라파엘로 산치오가 천 재라고 하지만 사실은 다 내 것을 뻔뻔하게 베꼈다는 주장입니다.

그런데 예술적 재능과 자부심이 전부가 아닙니다. 내게는 어두운 비밀이 있어요. 예술 천재인 것이 맞다 해도 내 삶 전체로는 절대 행 복하지 않았어요. 고통과 비참함이 컸어요. 나는 무엇보다 외로웠고 괴로웠어요. 사람을 잘 사귀지 못했죠. 내가 한 여성을 사랑했고 또 어느 남자에게도 매료되었다는 루머가 21세기에도 떠돌고 있지만 어쨌든 공식적으로는 연인도 없었고 결혼도 하지 않았어요. 애인이 없으면 친구들이 더 소중할 텐데 나는 친구도 많지 않았어요. 외톨 이 심정을 일기에 남겼어요.

"나는 크나큰 정신적 괴로움과 육체적 고통을 겪으며 여기에 있다. 나는 어떤 종류이건 친구가 없다. 나는 친구를 원하지도 않는다."

정말 원하지 않았을까요? 아닐 겁니다. 친구를 원치 않는 사람은 세상에 없어요. 친구고 뭐고 다 필요 없다고 외치는 사람은 절망한 것입니다. 친구를 못 사귀는 게 괴로워서 아예 필요 없다고 외치는 건데 그 속은 무척 아플 게 분명해요. 저 일기를 보면 아마 내가 그랬던 것 같아요.

나는 행복을 느끼는 일도 거의 없었어요. 늘 걱정에 짓눌려 살았어요. 아버지에게 편지를 써서 고백했습니다. 1512년 10월 그러니까 시스티나 천장화를 끝낸 무렵이었어요.

"나는 가장 큰 고통과 1,000가지의 걱정을 안고 삽니다. 행복했던 게 15년 정도 된 것 같아요."

얼마나 우울하고 슬픈 삶인가요! 또 1542년 1월에는 이렇게 썼어요. "나는 불쌍하며 가치가 없다." 그리고 내가 쓴 시에도 나에 대한 연민이 짙게 표현되어 있어요. "나는 여기 갇혀 산다. 빵 껍질 속의 반죽처럼. 불쌍하고 외롭게. 병에 갇힌 정령처럼."

내가 볼 때 나는 마술 램프 속의 정령 같은 존재입니다. 어딘가에 갇혀 절대 벗어날 수 없는 것 같았어요. 자유가 없어요. 노예 같은 신세였던 거예요. 외롭고 불쌍했어요. 나의 내면에는 예술적 영감과 자부심이 있었지만 고통과 외로움과 자괴감도 넘실거렸어요.

나의 불행한 내면은 좀 기이한 습관으로 표출됩니다. 나는 대단히 더러웠습니다. 잘 씻지 않았고 옷을 갈아입지도 않았어요. 화가이자 전기 작가인 콘디비가 목격자입니다. 그는 내가 항상 착용하던 옷과

부츠 그대로 잠들었다고 기록했어요. 옷을 갈아입지도 않았고 그대로 이불 속으로 들어갔다가 그대로 일어나 집밖으로 나갔죠. 콘디비의 주장에 따르면 너무 오랫동안 부츠를 신고 있다가 벗어서 뱀 껍질처럼 피부가 벗겨졌다고도 하네요.

내 아버지가 "절대로 씻지 마라. 문지르는 것은 괜찮지만 씻지는 마라"는 정말 기이한 충고를 했는데, 저는 이를 충실히 따랐던 겁니다. 그래도 아버지에 대한 효심 때문만은 아닐 겁니다. 아마 마음이 어두웠기 때문이 아닐까요? 마음이 침울해서 나 자신을 예쁘게 꾸미지 않았던 거라고 볼 수 있어요. 마음이 밝아야 깨끗이 하고 다닐 텐데 나는 지독히도 괴로운 삶을 살았어요.

나는 예술적 재능은 뛰어났지만 삶이 행복으로 충만했다고 하기 어려워요. 괴롭고 어두운 나의 생을 이상적이라고 할 수는 없어요. 이런 내가 부럽다면 바보입니다. 아마 나의 예술적 재능만 쏙 뽑아 선택적으로 부러워하고 싶겠죠. 공정하지 못한 겁니다. 내가 부럽다면 나의 전부를 받아줘야 합니다. 15년 동안 행복을 경험하지 못하고 어딘가에 갇혀 있는 것 같고 친구도 없고 씻지도 않는 나를 품을 수 있나요? 어려울 겁니다. 그러니 부러워하지 마세요. 질투도 하지 마세요. 나로 인한 열등감은 말도 안 된다는 걸 깨달으세요.

나에게 주먹질을 한 그 친구는 나를 몰랐기 때문에 열등감에 시달렸던 거예요. 나의 속을 알았다면 차라리 연민했을지도 모릅니다. 또 깊이 이해하는 좋은 친구 사이가 되었을 수도 있고요.

누군가를 선망하고 질투하나요? 열등감에 시달리며 살고 있나요? 상대가 완벽하고 이상적이라고 생각하니 그런 마음이 드는 겁니다. 선망의 대상이 되는 사람의 마음에도 고통이나 수치심 같은 게 있을 겁니다. 다만 꼭꼭 감추는 것뿐이죠. 열등감에 시달리며 인생을 허비하지 마세요. 열등감은 타인을 이상화해서 생기는 환상이에요.

• Ogni blocco di pietra ha una statua al suo interno, scoprirla è il compito dello scultore.

스티븐 호킹 님

하루하루가
지루해요

Stephen Hawking,
영국의 이론물리학자

20대인데 매일매일이 지겨워요. 재미가 없어요. 내가 광속으로 날아가는 것도 아닌데 가끔 주변의 시간이 멈춰요. 살날이 수십 년이나 남았는데 앞으로도 이렇게 지루한 나날을 이어가야 한다고 생각하니 참 암담하네요.

착각에서 벗어나세요. 당신이 수십 년 산다는 보장은 없어요. 20대라고 해도 언제 죽을지 몰라요. 당장 내일 죽을 수도 있다고 상상해보세요. 시간이 아까울 겁니다. 지루할 틈이 없는 것이죠.

20대가 찬란한 나이라고 하지만 사실은 지루하기도 하죠. 아무것도 하기 싫고 짜증스러워요. 내가 정말 그랬어요. 난 머리가 굉장히 좋았지만 고등학교에서는 꼴찌에서 3등이었어요. 열정 없이 빈둥거렸던 겁니다.

또 옥스퍼드대학교에 열일곱 살에 입학했던 것도 대단하기는 한데 공부를 열심히 안했어요. 공부가 우스울 정도로 쉽다고 말한 적이 있어요. 나는 최소 시간 동안만 공부했어요. 계산해보니까 옥스퍼드에 3년 있는 동안 공부한 시간이 1,000시간 정도 되더군요. 하루에 1시간도 안 한 겁니다. 공부는 너무 쉬워서 재미가 없었어요. 아주 지루한 시절이었어요.

1963년 스물한 살이던 나는 케임브리지대학교에서 우주학을 공부하고 있었어요. 이때도 별 재미없었어요. 당시의 권태로운 심정을 이렇게 고백했었죠.

"나는 인생이 지루했어요……할 가치가 있는 일이 없는 것 같았어요."

그런데 큰일이 생깁니다. 걷다가 뭔가에 발이 걸리고 쓰러지는 일이 늘었죠. 병원에서 충격적인 진단을 내렸어요. 루게릭병ALS이라고 했어요. 운동 신경 세포가 점점 약해지다가 죽는 병이에요. 그러면 뇌가 몸을 통제할 수 없게 되죠. 몸은 점점 마비가 되어 죽게 됩니다. 의사들은 내가 2년 정도만 더 살 것으로 내다봤어요. 스물세 살이면 죽는다는 말이었습니다.

내 마음이 어땠겠어요? 곧 죽을 거라는 소식은 나를 좌절하게 만들었어요. 극도의 공포도 밀려왔죠. 그런데 이상하더군요. 곧 내 태도가 바뀐 겁니다. 오히려 열심히 살고 있는 나를 발견했던 것입니다.

"내 미래를 구름이 덮고 있었는데 나 자신도 놀란 게 나는 현재 삶을 즐기고 있었어요."*

인생이 얼마 남지 않았다고 생각하니까 삶에 대한 자세가 바뀌었어요. 남은 시간을 충실히 보내고 싶어졌어요. 정말 열심히 공부하며 지냈죠. 하루하루를 아끼면서 말이죠. 그런데 기적이 일어났어요. 내가 죽지 않는 거예요. 곧 죽는다고 의사들이 그랬는데 시간이 흘러도 살아 있었습니다.

나는 2018년 3월이 되어서야 죽었습니다. 내 나이 일흔여섯 살이었어요. 20대 초반에 죽을 거라는 의사들의 예언은 보기 좋게 빗나가고 나는 무려 50년이나 더 살았습니다. 결혼도 두 번 했고 아이도 셋을 낳았어요. 스물한 살 때는 상상도 못했던 일이죠.

"스물한 살 때 나의 기대는 0으로 줄어들었어요. 이후의 모든 것은
보너스였어요."

내가 2004년 『뉴욕타임스』와의 인터뷰에서 했던 말입니다. 보너
스로 50년을 받았으니 나는 행운아입니다. 감사하고 또 감사할 수
밖에 없었습니다.

삶이 지겨운 분들은 무엇보다 오해를 버리세요. 자신은 장수할거
라는 터무니없는 오해에서 벗어나세요. 사람은 언제 죽을지 몰라요.
신나게 살다가도 갑자기 마감해야 하는 게 인생입니다.

또 백 살까지 살다 죽는다 해도 주관적으로는 짧은 순간에 불과해
요. 지루하다고 푸념하지 마세요. 인생은 길지 않아요. 시간이 얼마
남지 않았다고 생각하면서 가치 있는 일에 몰두하세요. 지루한 일상
에서 해방될 것입니다. 그리고 포기하지 않는 자세도 추천합니다. 나
는 이런 말을 한 적이 있어요.

"기억하세요. 발끝을 내려다보지 말고 하늘을 올려다봐야 해요. 항
상 호기심을 느끼세요. 아무리 인생이 힘든 것 같아도 당신이 할 수
있고 성공할 수 있는 일이 항상 있습니다. 포기하지 않는 것이 가장
중요합니다."

인생이 지루하다고 생각하는 사람 중 다수는 인생이 힘든 겁니다. 의미도 없고 재미도 없으면서 힘들기까지 하면 당연히 의욕을 잃게 되겠죠. 그런데 인생이 제아무리 힘들어도 할 수 있는 일이 있어요. 나는 휠체어에 앉았고 온몸이 굳어갔어요. 인생이 끝났다고 생각했어요. 아무것도 할 수 없을 것 같았죠. 그러나 계속 연구하고 강연도 할 수 있었어요. 세계적 유명 인사가 되어 과분한 사랑도 받았어요.

최악의 상황이어도 탈출로가 있습니다. 여러분은 나보다 좋은 조건 아닌가요? 몸이 굳어 죽어가지는 않잖아요. 포기하지 마세요. 조금만 더 도전하면 곧 갖가지 재미있는 일이 생길 겁니다. 지루하다고 생각하면 인생을 오해하는 게 됩니다. 인생은 신나는 테마공원입니다.

- Although there was a cloud hanging over my future, I found, to my surprise, that I was enjoying life in the present.

스칼릿 조핸슨 님

나는
너무
예민한 것 같아요

Scarlett Johansson, 미국의 영화배우

나는 껍질 벗겨진 갑각류 같아요. 사소한 일에도 상처받아요. 언제나 강하고 당당한 당신을 보면 매일 상처받는 나는 형벌을 받는 기분이에요. 어쩌면 좋을까요?

나를 잘못 보셨어요. 내 마음은 갑옷으로 둘러싸여 있지 않아요. 나도 예민한 편입니다. 힘들죠. 괴롭고요. 그런데 예민한 성격은 형벌이 아니에요. 세련된 삶을 가능하게 하는 힘이에요.

배우 중에는 아주 예민한 사람들이 많아요. 호주 배우 니콜 키드먼도 그랬어요. 어릴 때부터 예민했나 봐요. 이렇게 말하더군요. "나는 굉장히 예민한 아이였어요. 부모님은 내가 어떤 일에 얽혀서 상처받는 걸 가장 싫어했어요." 니콜은 친구들과 어울리다가도 쉽게 상처받고 울었던 것 같아요. 본인도 힘들었겠지만 부모님은 마음이 더욱 아팠을 겁니다. 사소한 말 한마디나 순간의 눈빛 때문에 아이들이 마음 아파하면, 부모는 속수무책이 되죠.

조니 뎁도 예민하기로 유명해요. 스타가 된 직후 사람들의 관심과 시선이 몹시도 무서웠다고 합니다. 두려워서 공개적인 발언도 못 했어요. 그는 결국 술에 의지하는 나쁜 버릇을 들이게 되었죠. 그런데 초보 스타만 그런 것은 아니에요. 중년 배우인 제인 폰다는 수줍음이 예순 살까지 지속되더라고 회고한 적이 있거든요. 한번 예민한 사람은 평생 예민하게 살게 되는 것이죠.

나도 예민해요. 〈어벤져스〉의 '블랙위도우'를 연기하는 나를 보고 많은 사람이 내 당당한 모습을 선망해요. 하지만 나도 여리고 섬세하답니다. 무엇보다 남의 마음을 민감하게 느껴요. 한 미국 잡지와 인터뷰하면서 이렇게 고백했죠.

"나는 주변의 일과 다른 사람을 정확히 알 수 있는 능력을 타고 났어요. 누군가와 정말로 연결되어 있으면 나는 금방 알아요."

나는 타고나길 남의 마음을 잘 느낍니다. 그런데 나는 이런 능력이 싫을 때가 많았어요. "때로는 이런 능력이 좋지만 예민하지 않기를 바랄 때도 있다"고 언론 인터뷰에서 말했어요. 남의 마음이 자꾸 신경 쓰이면 피곤하죠. 나에 대해 어떻게 생각할까 걱정하기 시작하면 지옥에 빠지는 셈이 돼요. 그럴 때는 차라리 둔감한 사람이 부러워지죠.

그런데 내가 정말 둔감하다면 연기를 할 수 있었을까요? 예민해야 창의적이라고 하더군요. 예민한 사람이 사람들을 섬세하게 읽어내고 또 자신을 정교하게 표현할 수 있어요. 유명한 배우, 뮤지션, 화가, 영화감독 중에서 둔감한 사람은 거의 없어요. 예민해서 고통을 받는 대가로 창의적인 활동을 할 수 있는 것이죠.

둔감한 사람은 자신이 둔감한 줄도 몰라요. 다른 사람의 마음이나 세상의 미묘한 흐름을 잘 읽어내지도 못하죠. 마음 편하게 살 수는 있을 것 같은데, 나는 그런 삶을 원치는 않아요. 괴롭더라도 예민하게 느끼고 싶어요. 예민한 마음은 예민한 미각이나 예민한 음감처럼 삶을 세련되게 만든다고 봐요.

엠마 왓슨님

내
외모가
싫어요

Emma Watson, 영국의 영화배우

거울 앞에 서면 스트레스가 밀려와요. 내 얼굴이 마음에 들지 않아요. 체형도 싫어요. 예쁘고 잘생긴 영화배우들을 보면 이런 고민은 더 깊어집니다. 내 외모가 부끄러워서 뭘 해도 자신감이 안 생겨요. 어떻게 하면 좋을까요?

이상해요. 사람만 그래요. 들판의 사슴이나 사자가 외모 고민을 하지는 않거든요. 말미잘이나 돌고래도 외모 때문에 좌절하지는 않을 겁니다. 인간만 외모 고민에 빠져요. 그리고 예외가 없어요. 모든 인간이 빠짐없이 외모 때문에 괴로워하죠. 영화배우들은 그렇지 않을 것 같나요? 아니요, 나도 마찬가지입니다. 지금은 나아졌지만요. 인형이 되기 싫다고 생각하면 도움이 되더군요.

나는 〈해리 포터〉 시리즈의 헤르미온느로 출연해 세계적 스타가 되었어요. 팬들은 나를 이상화합니다. 아름답고 지적이며 자기 철학도 확고한 사람으로 생각해요. 좋게 봐주니 감사하죠. 하지만 나도 보통 사람이에요. 나는 허점을 갖고 있고 그로 인해 괴로워해요. 특히 누구나처럼 외모에 대한 괴로움이 깊었어요.

나는 짙고 두꺼운 눈썹이 무척 마음에 들지 않았어요. 눈썹을 뽑을 생각도 했어요. 어떻게 뽑아야 눈썹이 가늘게 보일까 궁리도 많이 했어요. 엄마의 조언이 내 눈썹들을 살렸어요. 짙고 두꺼운 눈썹이 나의 얼굴에 개성을 준다면서 엄마가 달래주셨어요. 그렇게 마음을 먹고 보니 눈썹 모양이 괜찮더군요. 내 체형도 싫었어요. 모델처럼 마른 몸매를 선망했는데 내 몸매는 굴곡이 있는 편이었어요. 길고 가느다란 몸매를 가질 수 없을까 생각하면서 안타까워했어요. 또 체중도 줄었다 늘었다 반복해서 속이 많이 상했죠.

나이가 들면서 차츰 외모 불안을 극복했어요. 나의 얼굴과 외모를 받아들이게 된 것이죠. 영국 잡지『글래머』와의 인터뷰에서 말한 것처럼 내가 나에게 조언을 자주 했던 게 효과적이었어요.

> "나는 내가 인간이라고, 인형처럼 보일 수 없는 불완전한 인간이라고 나에게 계속 이야기했어요. 또 지금 모습이 예쁜가보다는 어떤 사람인지가 더 중요하다고도 말했어요."●

우리는 인형이 아니잖아요. 인형이 완벽한 것은 공장에서 찍어내기 때문이에요. 인간은 흠과 단점이 있을 수밖에 없어요. 그렇게 생각했더니 내 외모의 단점이 인간이라는 증거이기도 하더군요. 거울 앞에서 마음이 편해진 거죠. 인형을 닮으려고 하지 마세요. 개네들이랑 미모를 비교해서는 이길 수 없어요. 패배하고 불행해질 거예요.

외모 고민이 많은 분께는 내 동료 배우 제니퍼 로렌스의 이야기도 도움이 될 거예요. 〈헝거 게임〉의 주인공 캣니스로 연기했던 제니퍼는 이렇게 말한 적이 있어요.

> "할리우드에서는 나는 비만이에요. 나는 뚱뚱한 여배우로 여겨집니다……그래도 나는 배역을 위해서 절대로 굶지 않을 거예요……나는 원시인처럼 먹어요. 나는 거식증 루머가 없는 유일한 여배우가 될 겁니다."

제니퍼는 자신이 굶어서 살을 빼면 어린 여성 팬들도 따라할 거라고 걱정해요. 착하지 않나요? 제니퍼는 또 깡마른 몸이 아니라 건강한 튼튼한 몸매를 만들기 위해 원시인처럼 맘껏 먹겠다고 했어요. 아주 멋있다고 박수를 보내도 될 것 같아요.

우리 모두 자연속의 사슴이나 돌고래처럼 남의 외모를 헐뜯지도 않고 자기 외모를 비하하지도 않았으면 좋겠어요. 적당히 먹고 적당히 운동하면서 즐겁게 살면 좋을 것 같아요.

　그리고 배우와 자신을 동일시하지 마세요. 예쁘고 잘생긴 사람들은 일반 사람들과 다른 종족이에요. 일반인이 우사인 볼트처럼 빨리 뛰려고 안달하면 고통이 커요. 영화에 출연하지도 않을 사람들까지도 왜 저 잘난 여배우들처럼 생겨야 하죠? 스타들을 다른 종족으로 생각하면 외모 고민이 훨씬 줄어들 것 같아요.

● I keep telling myself that I'm a human being, an imperfect human being who's not made to look like a doll, and that who I am as a person is more important than whether at that moment I have a nice figure.

Chapter 8

강해질 수 있을까?

앨프리드 히치콕 님

나는
겁이 너무
많아요

Alfred Hitchcock, 영국 출신 영화감독

무서운 게 너무 많아서 사는 게 힘들어요. 바퀴벌레는 말할 것도 없고 작은 강아지도 소름 끼쳐요. 또 무서운 사람을 만날까 항상 걱정돼요. 무서운 영화를 많이 만드신 당신은 어떻게 그렇게 무서운 게 없었나요?

겁이 많아서 힘들군요. 마음 같아서는 무섭도록 간단한 해법을 제시하고 싶지만 불가능해요. 나는 다른 사람의 공포감을 확 키울 수는 있지만 줄여주지는 못합니다. 대신 공포감을 견디게 도울 수는 있어요. 공포가 끝난 뒤에 짜릿한 쾌감이 찾아올 겁니다. 조금만 참아보세요.

나는 스릴러 영화의 거장이라고 평가받죠. 〈새〉나 〈사이코〉 등 내 영화를 보고 가슴을 졸였던 분들이 많이 있을 겁니다. 남을 무섭게 만드는 능력에 있어서는 내가 거장이라고 나 자신도 자부합니다. 그런데 깜짝 놀랄 만한 일이 있습니다. 나는 사실 겁이 많아요. 게다가 아주 특별한 것을 무서워해요. 바로 달걀입니다. 1963년에 한 인터뷰에서 실토했어요.

> "나는 달걀이 너무 무서워요. 구멍도 없는 하얗고 둥근 그것, 깨뜨리면 노란 액체 내용물이 흘러나오는 달걀보다 더 역겨운 것을 본 적이 있나요? 혈액은 기분 좋은 빨간 색이죠. 하지만 달걀노른자는 노랗고 역겨워요. 나는 단 한 번도 맛본 적이 없어요."

그런데 나의 달걀 공포 고백에는 자부심도 숨어 있어요. 특별한 것을 무서워하는 나의 감수성이 대단하지 않냐고 은근히 뻐길 수 있잖아요. 다들 달걀노른자를 예쁘다고 생각하는데 나는 역겨워요. 나의 미적 감각은 개성적이고 특별합니다. 제가 보기엔 강아지를 무서워하는 당신도 특별한 것 같은데요? 독특한 감수성을 가지고 있다고 생각해요. 고백을 이어가자면 내가 끔찍하게 무서워하는 것이 또 있었어요. 바로 내가 연출한 영화들이에요.

"나는 내 영화가 너무 무서워요. 절대 보러 가지 않아요. 사람들이 내 영화를 어떻게 견디는지 난 모르겠어요."

관객들은 입으로는 무서워 죽겠다면서 돈까지 내고 자진해서 고문을 당하러 갑니다. 이해할 수 없어요. 그 무서운 걸 왜 보는 걸까요? 소리 지르며 벌벌 떠는 것으로 모자라 눈물까지 흘리면서 내 영화를 보는 이유가 뭘까요? 물론 내가 그 이유를 모르지는 않아요. 관객들은 영화 자체를 즐기지 않아요. 대신 영화가 끝나는 걸 즐깁니다.

악몽에서 깨어나면 사람들은 한숨을 쉬면서 안도합니다. 살아있는 게 기뻐서 미소를 짓게 될지도 몰라요. 사람은 악몽 덕분에 큰 행복감과 쾌감을 느끼게 되는 것입니다. 내 영화 관객들도 비슷해요. 악몽 같은 영화가 끝나고 밝은 햇살 속으로 빠져나오면서 쾌감을 경험하는 것입니다. 사람들은 내 영화 덕분에 삶을 기쁘게 받아들이게 됩니다.

무서운 게 많아도 잊지 마세요. 공포는 곧 지나갑니다. 그리고 여지없이 쾌감이 찾아와요. 또 공포가 크면 다 끝난 뒤 쾌감도 커요. 그렇게 무서움이 좋은 거라고 생각하면 거뜬히 견딜 수 있을 겁니다. 바로 용기 있는 사람이 되는 것입니다.

아침마다
우울하면
어떻게 하죠?

Jim Carrey, 캐나다 출신 영화배우

아침에 눈을 뜨면 항상 마음이 무거워요. 무슨 걱정을 하는 건지 나 자신도 잘 모르겠는데 아무튼 우울해요. 어떻게 해야 할까요? 늘 즐겁게 사는 당신은 혹시 우울해지지 않는 비법이라도 있나요?

아침에 깼을 때의 기분이 그날을 좌우합니다. 또 아침 기분은 그 사람의 천성을 보여주기도 합니다. 우울한 유전자를 타고난 사람은 아침마다 우울합니다. 기쁜 유전자는 아침을 기쁘게 맞이하고요. 그럼 그냥 우울하게 살라는 말이냐고요? 오, 아니에요! 유전도 극복할 수 있더라는 말을 하려던 참이었어요. 아침마다 기분을 띄우려고 노력하면 효과가 있더군요.

사람들은 나를 아주 유쾌한 영화배우로 기억합니다. 〈마스크〉, 〈트루먼쇼〉, 〈덤앤더머〉에서 아주 웃기는 연기를 했기 때문이겠죠. 그런데 말입니다. 나는 굉장히 슬픈 과거와 어두운 마음을 갖고 있어요. 어린 시절 주의력 결핍 과잉행동장애ADHD 진단을 받았어요. 엄마는 아팠고 집은 아주 가난했어요. 나는 가족을 부양하기 위해서 연기를 배우기로 결심하고는 열다섯 살에 학교를 그만뒀어요. 소년 가장이었던 것이죠.

영화배우로 유명해진 후에도 마음은 과거의 불행에서 벗어나지 못했어요. 겉으로는 늘 과장되게 웃고 떠들었지만, 마음은 우울증에 시달렸던 거예요. 의사의 진단을 받고 우울증 약도 먹었죠. 그런데 나는 우울해지는 게 싫었어요. 우울한 기분을 어떻게든 극복하고 싶어서 방법을 하나 찾아냈답니다. 미국 CBS의 한 프로그램에서 소개한 적이 있는 나의 우울증 극복법은 간단해요. 자기 암시입니다.

매일 아침에 일어나 "인생은 좋은 거야"˙라고 말했습니다. 여러분도 그렇게 해보세요. 낮이라고 그 말을 못 할 것은 없어요. 걱정이 마음을 짓누르고 기분이 바닥까지 가라앉을 때마다 외치세요. "인생은 좋은 거야!" 자기 암시일 뿐 아니라 자기 응원입니다. 기분이 분명 나아집니다. 그리고 오랫동안 반복하면 효과가 더 커지죠.

지금 우울한가요? 하늘을 보면서 속으로 말해보세요. "그래도 인생은 좋은 거야"라고 말입니다. 거기에 더해서 매일 밤 자기 전에 오늘 감사했던 일을 세 가지 꼽아보는 것도 좋은 우울증 치료법이라고 해요. 인생에 감사하는 습관이 생기면 마음이 훨씬 밝아질 겁니다.

우울증이 아주 심해지면 또 다른 대처법에 의존해야 해요. 휴식을 취해야 합니다. 내가 보기에 '우울해졌다depressed'는 건 '깊은 휴식deep rest'과 같은 뜻이에요. 우울하면 쉬세요. 그런데 무엇으로부터 쉬어야 할까요? 직장이나 공부요? 그것도 맞지만 더 중요한 게 있어요. 당신의 아바타로부터 멀어져서 쉬세요. 내가 언젠가 말한 적이 있는데, 우울증이란 "이 세상에서 만든 아바타를 더 이상 쓰고 싶지 않다"는 나 자신의 외침입니다. 사람들은 가면을 하나씩 쓰고 있잖아요? 남에게 어떻게 보일까 걱정하면서 내 표정과 행동을 꾸밉니다. 그런 연출된 가짜 얼굴이 너무 무거워서 우울증이 찾아오는 것 같아요. 가면과 아바타를 벗어던지고 나 자신으로 돌아가 편하게 쉬세요. 우울증이 옅어질 테니까요.

우울한 기분에 굴복하지 마세요. 맞붙어서 꼭 이기기를 기원합니다. 우울한 것도 습관이기 때문에 좋은 습관으로 맞서야 우울에서 벗어날 수 있어요. 틈날 때마다 '인생은 좋은 거야'라고 되뇌면 도움이 될 겁니다.

- Life is good.

269

윈
스
턴

처
칠
님

카리스마가
부러워요

Winston Churchill, 영국의 정치가

저는 겁쟁이입니다. 마음도 약하고요. 친구가 부당한 일을 당해도 함께 싸워주기는커녕 내게 피해가 올까봐 전전긍긍할 때가 많습니다. 그래서 더욱 강력한 리더의 표상인 카리스마 넘치는 당신을 존경합니다. 어떻게 하면 천둥 같은 카리스마를 가질 수 있나요?

겁쟁이라고 하셨나요? 문제없어요. 두려움 없는 리더는 없습니다. 또 마음이 약하다고 하셨나요? 역시 괜찮아요. 강력한 카리스마를 가진 사람 중에도 생각보다 마음 약한 사람이 많습니다. 저만 해도 그래요. 들어보세요.

사람들은 나를 용맹한 지도자로 기억합니다. 영국 수상으로서 2차 세계대전의 승리를 이끈 가장 용맹한 정치 리더로 평가받아요. 항상 단호하고 두려움 없으며 정력적으로 일하던 모습을 기억하는 사람들이 아주 많습니다. 특히 일을 정말 많이 했죠. 나는 오전 8시에 일을 시작해서 오전 2시에 끝내는 날이 많았어요. 수많은 사람을 만나고 편지 쓰고 회의하고 지시를 내렸어요. 언제나 에너지가 넘쳤으며 아이디어가 멈추지 않고 분출되었어요. 피로도 몰랐어요. 두세 시간만 자도 멀쩡해졌어요. 그리고 정부 일을 하면서도 책을 43권이나 썼어요. 이런 연유로 나는 가장 용맹하면서 가장 일을 많이 한 정치 지도자로 알려지게 되었습니다.

> "어떤 대가를 치르더라도 우리는 우리의 땅을 지킬 것입니다. 우리는 해변에서 싸울 것이며 비행장에서 싸울 것이고 들판과 거리에서 싸우고 언덕에서도 싸울 것입니다. 우리는 절대 항복하지 않을 것입니다."

멋있지 않나요? 글을 읽기만 해도 용기와 투쟁심이 끓어오를 겁니다. 나에게는 포기란 없어요. "절대, 절대, 절대로 포기하지 마라."* 이 말도 내가 남겼어요. 이제 내가 엄청나게 강한 정신의 소유자처럼 보일 겁니다. 그런데 강인함은 나의 일부분에 불과합니다. 나는 우울하고 슬프고 무서운 것도 많았던 사람입니다. 부정하고 싶지만 주변 사람들의 증언이 아주 많이 남아 있어요. 내 딸 새라는 이렇게 말했더군요.

> "찬사와 작위 수여와 영광을 누렸음에도 아버지 마음에는 공허함이 있었어요⋯⋯그 공허함은 어떤 성취와 영광으로도 완전히 메울 수 없었죠."

나의 가까운 친구였던 비버브룩 경의 평가도 비슷하더군요. "처칠은 자신감이라는 바퀴의 꼭대기에 있거나 아니면 심한 우울의 밑바닥에 있거나 둘 중 하나였다."

압도적인 카리스마를 뿜었던 나 처칠의 마음의 절반은 아주 어두웠던 겁니다. 곁에 있으면 내 마음 한구석이 비어 있다는 걸 느낄 수 있었어요. 또 극심한 우울감에 시달리는 나를 목격할 수도 있었죠. 누구나 마음이 공허하고 우울하다지만 나는 아주 심각했어요. 내밀한 자살 충동을 주치의 모런 경에게 고백한 적도 있어요.

> "나는 급행열차가 지나갈 때 철로 가까이 서 있기 싫어합니다. 멀찍이 서 있거나 가능하면 열차와 나 사이에 기둥이 있는 곳에 있기를 좋아합니다. 또 배의 가장자리에 서서 바다를 내려다보는 것도 좋아

하지 않아요. 순간의 충동이 모든 것을 다 끝낼 수도 있거든요."

열차가 달려오면 나도 모르게 뛰어들고 싶었고 일렁이는 바다도 매혹적이었어요. 나는 스스로 생을 포기하려는 강한 충동에 시달렸어요. 나는 우울증이 아주 심각한 편이었어요. 친구 아내가 우울증 문제로 한 독일 의사의 도움을 받았다는 말을 듣고는 아내 클레멘타인에게 이런 편지를 썼습니다.

"나의 검둥개my black dog가 돌아오면, 그 의사가 내게 도움이 될 것 같아요. 검둥개는 지금은 나로부터 멀리 있어요. 얼마나 다행인지."

검둥개가 뭘까요? 우울증을 그렇게 불렀어요. 검둥개가 멀리 있으면 다행입니다. 그런데 어느 날 갑자기 찾아와서 내 마음을 어둡게 만듭니다. 아내에게 썼듯이 나는 '소름끼치고 이유 없는 우울증'에 자주 시달렸어요. 검둥개는 나에게 공포였어요. 참고로 우울한 기분을 검둥개라고 부른 사람은 내가 처음이 아니에요. 깊은 우울증에 시달렸던 작가 새뮤얼 존슨도 그런 비유를 했었죠.

결론은 분명합니다. 내 정신 속에는 카리스마와 두려움이 공존했습니다. 100퍼센트 자신만만하거나 완전무결 순수한 카리스마는 없습니다. 정신에는 원치 않는 불순물이 섞여 있게 마련이죠. 사람은 누구나 우울하고 슬퍼요. 때로는 두렵고 자신 없는 게 정상적인 사람 마음이죠. 다만 그것을 이겨내야 합니다. 마음이 가라앉으면 익사하지 않게 다시 건져 올리고, 두려움에 휩싸이면 다시 용기를 소환하는 식입니다. 절대 포기하지 말고 앞으로 나아가는 것이 중요합니다. 내가 남긴 말을 하나 더 소개할게요.

> "성공은 최종적이지 않고 실패는 치명적이지 않다. 중요한 것은 계속할 수 있는 용기다."••

쓰러져도 다시 일어나고, 우울해도 다시 용기를 내세요. 쓰러지지 않는 카리스마는 없습니다. 두려워서 흘린 눈물을 몰래 닦고는 다시 일어나는 사람이 진정한 카리스마를 갖게 됩니다. 검둥개와 자살 충동에 지고 말았다면 위대한 처칠의 역사도 존재하지 않았을 거예요.

• Never, never, never give up.
•• Success is not final, failure is not fatal: it is the courage to continue that counts.

어니스트 헤밍웨이 님

용감한
사람이 되고
싶어요

Ernest Hemingway, 미국의 소설가

저는 겁이 많은 사람입니다. 공포영화를 제대로 끝까지 본 적도 없고, 어둡고 한적한 곳에 혼자 있다는 상상만으로도 겁이 납니다. 주변 사람들과 논쟁이 필요할 때조차 힘들고 두려워 피하게 됩니다. 당신은 늘 강인하고 용감했다고 들었어요. 어떻게 하면 그렇게 강한 마음을 가질 수 있나요?

나는 전쟁 영웅이었어요. 사자를 사냥해봤고요. 비행기 추락 사고에서도 살아남았죠. 머리가 깨지고 어깨뼈가 골절되거나 몸에 화상을 입은 일도 거뜬히 견뎠어요. 굉장히 용기 있는 사람으로 보일 겁니다. 그런데 아닐 수도 있어요. 쇳덩어리처럼 보이는 사람이 사실은 아주 약할 수 있고, 반대로 부드러운 고무공 같은 사람이 사실은 더 강할지도 모릅니다.

『노인과 바다』에 이런 문장이 있습니다. "사람은 패배하게 되어 있지 않다. 사람은 파괴될 수는 있지만 패배할 수는 없다."• 그런 글귀를 쓴 내가 아주 강인해 보일 겁니다. 나의 친한 친구 중에 찰스 트루먼 랜햄Charles Trueman Lanham이 있습니다. 작가이며 미 육군 소장까지 오른 직업 군인이었죠. 그가 나의 용기를 이렇게 극찬했어요. "의심의 여지없이 그는 내가 아는 가장 용감한 사람이다. 그는 공포를 모른다."

사실 내 삶은 두려움 없는 모험이었어요. 열아홉 나이로 1차 세계대전에 자원했어요. 시력이 나빠 전투병은 못하고 앰뷸런스를 운전했는데 그럼에도 용맹함은 빛났어요. 적의 공격을 받아서 무릎을 크게 다쳤음에도 동료 군인을 구해서 무공훈장을 받았어요. 나중에는 스페인 내전과 2차 세계대전 현장으로 뛰어들어 활약도 하고 취재도 했어요.

취미도 용감무쌍하지 않으면 못하는 종류였어요. 아프리카에서 사자 사냥을 즐겼고 1938년에는 하루에 일곱 마리의 청새치를 잡아 세계 기록을 세웠죠. 엄청난 사고도 많이 겪었어요. 영화 〈다이하드〉의 주인공처럼 부서지고 찢어지고 다치는 일이 흔했죠.『타임』에서 내가 죽음을 다섯 번 피했다면서 하나하나 정리한 적이 있어요.

첫 번째로 앞에서 말했듯이 1차 세계대전 때 심각한 부상을 입었어요. "주머니에서 비단 손수건이 빠져나가듯 몸에서 생명이 나가는 느낌"이었어요. 죽는 게 이런 것이구나 싶었죠. 또 내가 쏜 총에 다리를 맞았어요. 잡은 상어를 저 세상으로 보내려다 내가 죽을 뻔 했던 거예요. 두 번째 죽을 고비를 그렇게 넘겼습니다.

1942년과 1943년에는 걸프만에서 작은 낚싯배를 타고 독일 잠수함을 찾아다녔어요. 수류탄과 기관총도 준비했죠. 잠수함을 발견하지 못했으니 다행이지 정말로 마주쳤다면 분명히 내가 죽었을 거예요.

이제 네 번째와 다섯 번째 사고가 남았습니다. 1954년 나는 이틀 동안 두 번 죽을 뻔 했어요. 아프리카에 갔는데 비행기가 비상 착륙해야 했어요. 위험한 상황이었죠. 그래도 나는 불사신처럼 살아서 아내와 함께 정글에서 하룻밤을 보냈어요. 다음날 우리는 다른 비행기를 탔는데 그만 불이 나고 말았어요. 우리 부부가 죽었다는 언론 보도도 있었죠. 다행이 오보였어요. 나와 아내는 다치기는 했지만 죽지 않았어요.

나는 죽을 고비를 여러 번 넘겼어요. 그런데 정작 불사신 같던 나를 죽인 것은 바로 나 자신이었어요. 1961년 미국 아이다호에서 산탄총을 이용해 스스로 생명을 끊었습니다. 1954년 노벨상을 받고 얼마 지나지 않아 글을 쓸 수 없게 되었어요. 편집증적 망상이 특히 나를 괴롭혔어요. 은행원을 보면서 FBI가 내 계좌를 뒤지기 위해 심어 놓은 자들이라고 믿었어요. 작은 차 사고를 낸 후에는 체포되어

갇힐 것이 두려워 벌벌 떨었어요. 또 가까운 친구들을 못 믿고 의심하게 되었어요. 정신이 오락가락했고 자살 시도를 여러 번 하는 바람에 병원에 자주 입원해야 했어요. 나는 우울과 망상에 시달리다가 결국 스스로 삶을 포기하게 됩니다.

나는 누가 봐도 강한 사람이었습니다. 그런데 나는 나를 파괴했습니다. 아마 공포에 떨면서 총을 찾아 나 자신을 겨누었을 겁니다. 나는 도대체 왜 그랬을까요?

심리학자와 의사들이 많이 분석했더군요. 양극성 장애, 경계성 인격 장애, 자아도취증, 편집증, 치명적인 뇌 부상, 알코올 의존증 등이 자살의 원인이었다는 다양한 분석 결과가 나왔습니다. 유전적 심리 문제도 거론되었어요. 내 아버지가 자살을 했으며 내 형제 두 명과 내 손녀도 같은 방법으로 삶을 마감했으니까 유전을 의심할 만하죠.

정신과 의사 크리스토퍼 D. 마틴은 「어니스트 헤밍웨이: 어느 자살에 대한 심리학적 해부Ernest Hemingway: A Psychological Autopsy of a Suicide」라는 논문에서 이렇게 진단했습니다. 전적으로 동의할 수는 없지만 부분적으로는 공감이 되기도 합니다.

그는 내 어머니가 나에게 여자 옷을 입혀 여자처럼 꾸몄다는 사실이 중요하다고 지적하더군요. 어머니는 나를 꾸미고 예쁜 인형 같다고 말하기도 했어요. 어린 나는 여성성에 반발심을 느껴 과도한 남성성을 과시하게 되었다는 것이 그 의사의 분석입니다. 또 아버지가 가죽 끈 등으로 나를 자주 때렸던 것도 문제를 일으켰다고 했습니다. 아버지에게 맞던 나는 아버지 머리에 총을 겨눈 적이 있다고 하면서, 거친 아버지를 이기기 위해 더 거칠게 행동했다는 것입니다.

그런 분석에 다 동의하기 어렵지만 부정할 수 없는 사실도 있어요. 먼저 나는 강인한 사람이 아닙니다. 나는 강철이 아니라 마른 잎사귀처럼 쉽게 부서지는 존재였어요. 인간은 패배할지언정 파괴될 수 없다고 말해놓고 정작 나는 산산이 파괴되었습니다. 부인할 수 없습니다. 나는 강하지 않고 약한 사람이었습니다. 두 번째로 내 마음에는 큰 상처가 있었습니다. 그것이 어머니나 아버지 때문일 수도 있고 유전적인 심리 문제일 수도 있어요. 어쨌든 내 마음에는 수류탄 파편 같은 것들이 촘촘히 꽂혀 있었던 겁니다.

나를 부러워하지 마세요. 나는 강인한 사람이 아닙니다. 강인한 듯 연기하지 않으면 견딜 수 없었을 뿐입니다. 여러분에게는 무겁게 짓누르는 쇳덩이 대신에 고무공처럼 탄력 넘치는 마음을 가져보라고 권하겠습니다. 딱딱하고 무겁고 거친 사람은 약합니다. 부드럽고 가벼우며 다정한 사람이 강한 사람입니다. 분명히 그렇습니다.

• Man is not made for defeat. A man can be destroyed but not defeated.

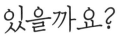

단단한
마음을 가질 수
있을까요?

Tom Cruise, 미국의 영화배우

당신에게 어릴 적부터 힘든 일이 많았다고 들었습니다. 그런데도 지금은 마음이 아주 단단해 보여요. 부드러우면서도 단호하게 보이는 건 그냥 그렇게 보이는 건가요, 아니면 마음을 강하게 만드는 비결이 있는 건가요?

내 마음이 정말 단단한지는 모르겠지만 마음을 강하게 만들려고 늘 애를 쓰기는 해요. 어린 시절을 돌아보면 마음 다치는 일이 많았어요. 나는 상처를 조용히 받아들였던 것 같아요. 그게 튼튼한 마음의 비결이라면 비결이겠죠.

나는 세상에서 가장 유명한 영화배우이자 프로듀서입니다. 2019년의 순자산은 5억 7,000만 달러 정도라고 알려져 있어요. 6,000억 원이 넘는 거액입니다. 돈도 많지만 인기도 높아요. 어디서든 존중과 환영을 받아요. 내 미소가 멋있다는 말도 많이들 하죠. 아주 기분 좋은 일입니다.

그런데 현재는 화려하지만 나의 과거는 어둡고 쓰라립니다. 나는 씻기 힘든 상처를 받으며 자랐어요. 가장 큰 문제는 아버지였죠. 아버지가 경제적 능력이 부족해 가난했던 사실은 큰 문제도 아니었어요. 나는 아버지를 미워했어요. 미국의 한 잡지와 인터뷰하면서 아버지를 '폭력꾼'이자 '겁쟁이'라고 비난했어요. 아버지는 어린 나를 자주 때렸습니다. 그가 비겁한 겁쟁이인 것은 힘없고 작은 아들을 상대로 폭력을 행사했기 때문입니다.

내가 열두 살 때 부모님이 이혼을 했는데 10년 후 아버지를 마지막으로 보게 되었어요. 암으로 죽어가는 아버지의 모습을 마주한 나는 착잡했습니다. "고통스러운 아버지를 봤을 때 나는 '인생이 이렇게 외롭다니'라고 생각했어요. 그는 40대 후반이었어요. 슬펐죠." 아버지는 과거 자신의 행동에 대해 말하지 않는다는 약속을 미리 받고 나를 만났어요. 아들을 학대했던 것이 아버지에게도 부끄러운 과거였던 겁니다.

나는 학교생활도 힘들었어요. 전학을 자주 다녀서 친한 친구가 없었어요. 옷차림새가 이상할 뿐 아니라 억양도 이상한 아이였죠. 덩치 큰 아이들이 수도 없이 못살게 굴었어요. 기분이 어땠을까요? 인터뷰에서 말했던 기억이 나네요. 나를 괴롭히려고 덩치 큰 녀석들이 다가올 때마다 심장이 뛰고 땀이 나고 토할 것만 같았어요.

집에서는 아버지에게 맞고 학교에서는 나쁜 아이들한테 괴롭힘 당하는 고통이 더해지게 됩니다. 공부도 못하는 아이로 낙인 찍혔어요. 학교는 테스트를 한 후에 내가 난독증이라고 통보하더군요. 글을 읽는 데 장애가 있다는 거였어요. '난독증'이는 딱지가 자존감에 큰 상처를 주는 것은 당연하겠죠.

책을 읽어도 기억이 나지 않았고, 불안하고 멍해졌던 기억이 나요. 학습 장애가 있다는 비밀을 들키지 않기 위해 나는 어릴 때부터 사력을 다했어요. 그런데 돌아보니 어린 시절의 고통이 나를 단련시켰던 것 같아요. 나는 인터뷰에서 이렇게 말했어요.

"내 어린 시절은 아주 외로웠어요. 나는 난독증이었고 아이들은 나를 놀렸어요. 그 경험이 나의 내면을 강하게 만들었어요. 조롱을 조용히 받아들이는 법을 배웠거든요."•

남들이 놀리면 소리를 치거나 주먹질을 할 수도 있겠죠. 울음을 터뜨릴 수도 있겠고 아니면 괴롭히는 사람들에게 매달려 동정심을 베풀어 달라고 호소할 수도 있을 겁니다. 이 모두 외부를 향한 반응입니다. 나는 조롱을 조용히 속으로 받아들였습니다. 외로움과 낙인을 침묵으로 수용했어요. 아마 그러는 사이 나의 마음이 강해졌던 것 같아요. 힘든 어린 시절을 거뜬히 겪어낸 나 자신이 사랑스럽고 자랑스러워요.

• That experience made me tough inside, because you learn to quietly accept ridicule.

대단한
사람들의
소소한
인생상담

ⓒ 이정, 2019

초판 1쇄 2019년 10월 25일 펴냄
초판 2쇄 2019년 11월 18일 펴냄

지은이 | 이정
펴낸이 | 이태준

기획·편집 | 박상문, 김소현, 박효주, 김환표
디자인 | 최진영, 홍성권
일러스트 | 이다혜
관리 | 최수향
인쇄·제본 | (주)삼신문화

펴낸곳 | 북카라반
출판등록 | 제17-332호 2002년 10월 18일

주소 | (04037) 서울시 마포구 양화로 7길 4(서교동) 삼양E&R빌딩 2층
전화 | 02-325-6364
팩스 | 02-474-1413
www.inmul.co.kr | cntbooks@gmail.com
ISBN 979-11-6005-072-1 03190
값 15,000원